가면의 시대

안성우 시집

月刊文學 출판부

| 서시 |

아무리 삶이 곤곤하다 해도
심고 싶은 나무 하나 있었지

굵거나 가늘거나
행색이 초라하거나 상관없이
무엇이 되기 위해서도
어떻게 보이기 위해서도 아닌

주어진 대로 뿌리내려 가지 뻗고 잎을 키워
존재만으로 위안이 되는 나무.

차례

블루마블의 일원이 된다는 것 2

넌 괜찮니 3

길 위의 인생4

1

그 섬에 가고 싶다

그 섬에 가고 싶다

가을이 오면, 그 섬에 가고 싶다

삼다의 설화가 숨은, 그 섬에
오름 들녘 소떼 쫓는 소년을 만나면
자갈밭에 검질 매는 허리 굽은 어머니와
태왁 안고 물질하는 누이의 안부를 묻고 싶다

돌담 구멍마다 바람이 살고
갯고랑마다 파도가 사는, 그 섬에
붉게 타던 노을 수평선에 빠져들고
짭조름한 갯내음이 어스름 몰고 오면,
어머니 한숨 소리 밥솥에 넣고
누이의 숨비 소리 국솥에 넣어
마당에 멍석 깔고 저녁상 차리면
초가 위에 별별 식구들 모여드는, 그 섬에

신작로를 서성이는 키 작은 소년을 만나
수평선 너머의 꿈을 좇다 잃어버린
나의 가을을 말해주고 싶다

해마다 오는 가을이어도
잃어버린 섬의 가을을 만나고 싶다, 가을이 오면

벚꽃길에서 철들다

봄을 몰고온 바람 꽃비 뿌리며 지나간다
머리 어깨 발 위를 뒤덮는 꽃잎들
내 못다 이룬 꿈이어도
나 그 꽃잎 줍지 않으리

하늘처럼 고우나 하늘로 가지 못해
이 땅에 하늘거리는 꽃잎들
내 젊음 녹아든 보석이어도
나 그 꽃잎 줍지 않으리

화려하게 부활했으나 한철을 못 넘기고
애달피 떨어지는 꽃잎들
내 그토록 품으려던 사랑이어도
나 기어이 그 꽃잎 줍지 않으리

나에겐 꽃잎도 버겁다
소풍 마치고 돌아가는 길

생애

영그는 초록 가릴라 나무가 옷을 벗어도
철따라 서둘러 가는 바람
나무의 알몸을 보지 못하고

험한 세파 막이나 될까 어미가 옷을 벗어도
철없이 웃자라는 아이
어미의 알몸을 보지 못하고

묵은 나무가 새 옷을 입으면
제철 찾아온 바람
나무를 껴안고 춤을 추고

늙은 어미가 새 옷을 입으면
뒤늦게 철이든 아이
나무 관을 감싸 안고 울부짖고

철이 가고 오고
철이 있고 없고
같은 듯
다른 그림자

종말의 탄생

멋모르고 솟아나온 뽀얀 움이었을 때,

무슨 색으로 칠해야 좋을지 몰라 망설이는데

햇살이 어미의 손길로 다가왔다

순한 연두색으로 칠을 하고 있는데

이슬이 스승의 미소로 스며 왔다

얼마나 더 칠해야 좋을지 몰라 헤매는데

장맛비가 땀을 튀기며 찾아들었다

짙푸른 색이 완성되어 한숨 돌리려는데

바람이 성인의 음성으로 스쳐 왔다

여태껏 칠한 색을 지워 가고 있는데

서리가 신의 눈물로 젖어 왔다

지우고 지우다 빛바랜 색이 되었을 때

백수를 지켜줄 것 같던 떨켜*가 배꼽을 놓아 버렸다

앗! 내동댕이쳐진 여기는 또 어떤 세상인가

* 떨켜: 잎이 가지에 연결된 특수세포.

바다는 춤을 추지 않는다

시작도 모를 끝에서 숨가삐 달려온 끝이
여기까지인 게 한심해
철퍼덕 철퍼덕

하늘을 안고 남을 넉넉함에도
다 채워 주지 못해
철퍼덕 철퍼덕

썰물 때를 모르는 우리는
어둔 밤 밀물처럼
스며드는 사랑에 취하지만
그게 다지

우리는 부서져 내린 후 다시 시작하는 바다를 본 적 있지
걸림 없이 스텝을 밟고 오다 속절없이 되돌아가는 걸 본 적 있지
그때 세상이 게워낸 찌꺼기를 품고서 다시,
리듬을 타기 시작하는 바다를 우리는 본 적 있지

애써 달려와 잠시 머문 곳이
어제도 그제도 왔다 간 곳인 게 한심해
철퍼덕거리다
속울음 삼키며 돌아가는

다짐하는

봄이 죽어야 봄이 온다
꽃이 죽고 잎이 죽고 열매가 죽고
꿈마저 죽고서야 오는 봄,

끝과 끝이 별뿐인
끝과 끝이 모래뿐인 한가운데서
앞서간 발길 따라 또는 새로이 길을 만들며
하나의 별을 찾으려다 봄은 죽어 간다

죽어 가는 봄 앞을 활보하며 지나가는
한 무더기 싱그러운 봄
상상만으로도 가슴 뛰던 희망의 봄은 언제인가

헤이며 온 별 만큼이나 밟고 온 부침들이
나의 봄을 죽이고
밟고 온 모래알만큼이나 헤이며 온 회한들은
나의 꿈을 죽이네,

멀지 않았다! 나의 봄도 온전히 죽음으로써

풋풋한 봄으로 다시
별들과 모래뿐인 한가운데로 가
부끄럽지 않은 죽음의 길을 걸어가야겠다

디스크 수술

중심의 중심이 기둥이라면
늙어 구부러진 느티나무가 이파릴 살리듯
어떤 생의 버팀목이 돼 줘야 하고,

집안의 기둥이 종신제라면
풀칠꺼리 하나 해결 못하는 못미더움도
기둥이 되어야 함은 숙명 같은 일,

썩을 줄 모르고 선택한 기둥이라면
단임제라서 천만다행일 때가 있고
더 천만다행인 건
손가락만 한 촛불로 기둥을 바꿀 수 있다는 것

욕심 부릴 때마다 내 안의 기둥이 안부를 물으면
야속하게 깨달음은 뒤쳐져서만 오고
중심이 흔들린 후에야 기둥이 존재를 아는 건 치명적 실수,
더 치명적인 건
기둥이 경고신호를 보낸 시각은 이미 자립이 힘든 후라는 것

중심을 잡고 살기 위해 기운 기둥을 보수하려면
울 아버지도 못 믿던 내가 의사를 믿어야 하고
내가 못미더운 아버지가 될지도 모른다는 충격적인 사실,
덜 충격적인 건
내가 구부러진 느티나무로 늙게 될지도 모른다는 것

하루 인생

서둘러 하늘을 열어 올리는 東의 지원을 받으며
그림자는 西로 걸어가기 시작한다
제 몸보다 몇 배 더 길게 드리워진 그의 미래
먹구름 몽니와 마천루가 그의 의지를 시험한다
사방은 포기할 수 없는 유혹 덩어리
허겁지겁 챙기다 짐만 늘어 간다
헉헉거리며 정수리 정거장에 다다를 즈음
점점 무거워지는 짐에 눌려 쪼그라들다
발밑에서 짐만 남기고 흔적이 없다

넋을 잃고 망설이던 그림자
정수리가 東으로 깔아놓기 시작한 과거를 향해 방향을 튼다
왔던 길 여유부리며 가고 싶은 마음과 달리
내려놓지 못한 짐의 무게만큼 가속이 따라 붙는다
우물쭈물하는 사이 東의 끝에 다다른 그의 과거
회환을 떠올릴 겨를 없이 한순간에 사라진다

미래가 사라진 후 과거마저 흔적 없는 그림자
태어난 기억조차 없다

사과밭에 가을 들다

초록태반 달구어져 알알이 제 모습 갖출 때까지
숨 가쁘게 그칠 줄 모르던 당신의 애무는
나른한 숨, 길게 몰아쉬며
뜨겁던 여운 가시지 않은 듯
자글자글 미소가 초록의 끝물에서 눈치를 본다

당신의 체위도 비스듬히 기울고
땀 젖은 옷 갈아입을 때 됐으니
그냥 이대로 뜨겁던 날들
서늘한 이별에 밀려 사그라져도
허세를 다독여 준 열병을 잊지 말자
훗날
숨막히게 다시 앓는다 해도,

한 줌 햇살이 아쉬워 머리를 치켜들던 풋사과
스스로 어른이 된 듯
가지 휘어지게 붉게 뽐내는 모습
쪽빛미소로 내려다보는 이가 있다

여름 이별

계절이 죽어 간다
사람들은 이별 옷을 입고
벌레들은 이별 울음을 운다

계절이 계절 속으로 들어간다
매미들 곡소리 북받치고
건들마에 실려 오는 귀뚜리 소리 잦아진다

이제 지친 여름은 가을 하늘로 가
남겨진 새끼들 굽어 살필 것이다
길가에 살살이꽃은 바람의 말씀 잘 따르는지
가지마다 치대놓은 것들은 제때 옷을 갈아입는지
천둥번개 몰래 숨겨둔 대추알은 붉게 여물어지는지
그럴 것이다
가을을 못 보고 간 내 어머니도 그랬으므로,
어미 마음이 하늘이고
하늘 마음이 어미인지라
나의 이별 그리움 애달고
매미들 이별 울음 슬프지만

이별을 미룬다 한들 오는 계절 막을 수 없음에
날선 것들이 수그러든다
나의 生도 바래져 간다

산벚꽃 피던 날에

뭇 푸르른 것들 서둘러 갈길 가는데
설은 발길 떼지 못하고 서 있는 것은
어떤 후회에 대한 예의 때문입이다

붉게 피어오른 여느 꽃처럼
호사스런 모습이 아니어도
기어이 피우려 드는 것은
저 산이 해를 가두려 하기 때문입니다

화려하진 못해도 깨끗이 피우려다
뒤처지는 것이 두렵긴 하면서도
먼발치서라도 보여 드리고 싶은 것은
산 넘고 물 건너야 뵐 수 있기 때문입니다

초록이 걸음을 조금만 더디 간다면
눈부신 햇살이 기다려 준다면
보리밭 옆에 누운 내 어머니
모셔올 때 까지만이라도

시간은 언제나 내편이 아니었습니다.

무임승차

하늘이 너무 맑아 날고 싶은 날
강가에 서서 멍하니 귀 기울이면,

천국의 소리는 하늘에서 오는 게 아니다
숨소리 가벼이
강물에 탑승한 갈잎사귀들이 부러운 것이다

부러운 것은 천국행이 아니다
강물에 실을 수 없는 나의 생각의 무게
버릴 수 없음이 아픔이다

나의 아픔을 외면하는 건 강물이 아니다
우산 밖에 비가 오지 않는데도
해가 자라지 않는 그늘이 슬플 뿐이다

길을 잃은 건 슬픔이 아니다
세월이 미끄러지는 소리에
상관없는 들새 한 마리 강물을 휘젓고 하늘로 간다

나에겐 승차권이 없다

철원평야에서

건들건들 밀려오는 바람물결
고지마다 서린 한들은 다 품어주고 오는지
몸놀림도 가볍다 선들선들
가녘에서 복판으로
수고의 무게만큼 겸손해지는 숨결들
해묵은 상념을 일깨운다

인고는 승리하여 취한 듯 넘실거리고,
나락대열 속 쭉정이 그 멋쩍은 빈손이
철없이 나대던 기억을 무안케 하고
검푸른 강을 건너 호사부리는 산허리를
곁눈질하는 길 둑에 잡풀때기 그 행색이
나의 처지를 살피게 한다,
돌이켜보면 계절의 문턱 고비마다
에둘리긴 했으나 여까지 왔으니
뜻을 다 이루지 못해도
나의 허무는 위안을 받고 싶어진다

들판을 가득 매운 햇살, 뉘엿뉘엿

배부른 소 뒷걸음치듯 가고 있다
감나무가지 끝에 공양 두어 알 남겨 놓고
피로 꺾인 혼령들 다 데리고서
시작인 끝으로
내생의 잔상도 따라 가고 있다

아름다운 이별

다 돌려 주었으니 무거울 것도 없다
흔들리다 떨어지고
떨어져 구르다 쌓이고
바스락거리며 서로의 어깨를 다독인다

아직은 온기가 남은 햇살
말라 오그라든 살갗 감싸안을 때
빛바랜 것들이 눈부심은 왜인가

뉘라도 절정의 순간은 아쉬운 것
가지 끝에서 미적거리는 잎새 하나
바람의 말 들리지 않는가, 흔들 흔들이다
그럴 것이다
몸만 비벼도 절정이 푸르도록 넘치던 날 있었으니,
그러나 이별이 있기에
마음만 비벼도 쉬이 절정에 이르는 가을이 아니련가

저기, 허공도 무거워 내려놓는 갈잎을 보라
푸르던 청춘 돌려 주고

빛나던 영광 뒤로하고
기약도 없이
질 때를 아는 황혼은 얼마나 아름다운가!

굴참나무 앞에서

겨울 설거지로 질펀해진 등산길
그러면 안 되는데
함부로 발길질을 해댔다
등산화에 묻은 진흙더미가 떨어질 때까지

말이 없다고 아픔까지 모르는 건 아닐 텐데
이 몸 하나 편하자고
나의 허물을 너에게 패대기치고 있었다
그러면 안 되는 것인데

뙤약볕이 수모와 칼바람의 멸시에도
고집스레 길가에 서서
지친 자를 배려하고 기다려 준 너처럼
나는 누구에게 그늘이 되어 준 적이 없고
한해 농사를 다 나눠 준 적도 없는데,

법 없이도 살 사람이라는 말이 낯설다
법으로 걸러지지 않는 것들은 얼마나 많은가
우리는 우리가 모르는 사이 죄를 지며 사는 건 아닌지

상념의 끝에서 멍하니 바라보는 굴참나무 사이로
겨울잠에서 깬 새끼 다람쥐가 내 눈치를 보며 도망을 친다
산다는 것이 참 미안하다

태백산 고사목

이 능선만 오르면 하늘재단
8부 능선에 멈춰 선 그림자

능선을 오르는 건 힘든 일이지
바람이 바람을 미는 것처럼

끝이 끝을 모르는 능선 그 끝에
붉은 용광로거나 하얀 고요거나
한번 간 바람은 돌아오지 않아

조금 늦게 가고 싶을 뿐이지
부역이 힘든 늙은 소처럼

바람은 투덜대다 여기까지
햇빛은 참, 쉽게 거두고
곡소리는 너무 짧아
흙은 무심히 바람을 덮어 버리지

달은 그림자로 그림을 그리지

푸르게 일어나다 하얗게 스러지는
햇빛이 거둬간 바람의 그림자

달은 빠짐없이 기억하고 있었어
그림자 굽은 이유를

잣나무 숲에서

숲의 그늘 높이가 궁금하여 고개를 젖히니
청푸른 삼베옷을 입은 어미가
밤으로부터 탈출한 하늘아기를 보듬고 서있다
시샘하는 바람이 옷소매를 건드리며 지날 때마다
살-짝 살-짝 내보이는 하늘아기 엉덩이
아찔하다

숲을 유랑하는 네발나비 따라 시선이 머문 등성이에
삼베옷도 걸치지 않은 어미가
발목이 뭉텅 잘린 채 사지를 벌리고 누워 있다
가까이 가보니
거죽은 이끼의 텃밭으로
속살은 개미들의 일터로
내장은 구더기 먹이로
문드러져 가는 제 몸뚱이를 내어주고 있다
아-
평생 나의 밥이었던 어머니도 그랬다
나의 어머니의 어머니의 어머니였던
나무.

책읽기

보는 것만으로 붓이 될 수 없다고 하소연하는 잎사귀 위에서
바람은 듣는 것만으로 글이 될 수 없다며 투정 부린다
등짝을 덥히던 햇살 쉴 곳 찾을 때까지
머물 곳 찾지 못한 개울물에 부초 하나
흘러오는 동안 정리되지 못한 사연이어서
펜심 같은 잎사귀를 만들었다는 청솔 앞에 다다라서야
책장을 넘기던 발뒤꿈치를 멈추니 하늘에 느낌 한 점으로
피어난다

시리게 푸르다 부시게 낙화한 계절이 빚은 장서들
지붕 없는 도서관이 젖거나 얼어붙어
책장 넘기기 어려울 때에도
발뒤꿈치를 뗄 때마다 살랑거리는 시어들
라르고 협주곡처럼 운무를 탄다
앞서가던 시인이 혼잣말로 중얼거린다
"나는 이 책을 꼭 후손에게 물려줄 것이다
세상의 모든 지혜가 발뒤꿈치에서 나옴을 알기에"

겨울 산

그대여 무사한가요

추위가 몰려오는데
알몸을 무릅쓰고
그대가 지키려는 것은 무사한가요

누리던 것들 다 벗어던지고
추위와 맞선 그대에게
해마다 봄이 찾아오는 이유를 나는 모릅니다

누리는 것들 놓칠세라
추위를 피해 옷을 겹쳐 입은 나에게
봄이 한 번 뿐인 이유를 나는 모릅니다

다만 나는,
지켜야 할 것을 지키기 위해
추위 앞에서 벌거숭이가 된 그대와 달리
단추를 잠그고 있을 뿐입니다

어쩜 나는,
그대가 하얀 옷을 벗고 초록을 입으면
나에게도 초록이 주어질 거란 착각 때문에
여직 살고 있는지도 모릅니다

어머니의 집

고사리손에 몽당연필을 쥐고 그린 그림 속에는 집이 있었다
채송화가 핀 올레를 따라 들어가면
초가 위로 연기가 피어오르는 이른 저녁쯤인가
소 먹이 나갔던 누이가 누렁 소 앞세워 들어오고
마당에서 닭 모이를 주고 있는 나를 지켜보던 어머니가
사라진 후 집도 사라졌다

사라진 집을 찾으러 뭍으로 나가 세월만 탕진하다
그리울 때면 찾아가는 어머니의 집,
민둥산허리에 올라서면 저 멀리 한라산이 아스라이하고
올망졸망 이웃들 틈바구니에 옹색하게 자리 잡은 어머니의 집은
기둥도 울타리도 없이 들풀만 가득할 뿐,
채송화가 핀 올레도 모이를 찾는 닭들도 저녁 연기도 보이지 않고
보이는 건 내 그림 속 어머니의 미소와
손에 잡힐 듯 반나절이면 닿을 것 같아 찾아 나섰던 어릴 적 꿈이
여직 수평선에 머물 뿐이다

아, 집이 없어서일까
나에게 오지 않는 계절은
기둥 없는 어머니 집을 지키는 무성한 들풀이 되고
나는 아직도 들풀에 엎드려 그림 속의 집을 찾는 중이다

귀향

돌담과 오름 사이를 뛰놀던 시간은
회색도시를 겉돌다 제자리로 돌아들어
찾은 고향
기억 속 벌거숭이 시간은 그대로인데
돌담밭 추억은 객지손님에 점령된 지 오래고
오름 허리에 묻어둔 장끼 울음소리 간데없다

고백하지 못한 첫사랑 용안이 궁금하여도
지나온 굴곡만큼 늘어난 주름 쑥스러움에
다시금 왔던 길 떠나려는데
고향을 등지던 그때처럼 철퍼덕거리며 찾아와
내 발목 잡는 이 있으니
부르기도 아까운 그 이름
제주도 푸른 바다

2

블루마블의 일원이 된다는 것

블루마블*의 일원이 된다는 것

생명의 숲 허공에 갇힌 나비를 봤을 때
손을 내밀어주지 않은 건 내가 아니야
날개를 옭아맨 범인은 꽃이 아님이 분명해도
거미줄을 방관한 건 내가 아니야

울타리의 넓이에 무력하고 거미줄의 크기에 굴하는
나 아닌 또 다른 나는
나와 상관없는 불행은 나의 평화에 상관없다는 에고로 숲을 유지 시키고
숲의 일상은
살기위한 수단이 살아야 하는 명제를 죽이도록 나에게 명령하지

아우성이 묻히고 핏빛이 자라도
하루를 무탈하기 위해 외면하는 일상은 다반사가 되고
외면할수록 지평은 넓어져
나 속에 나를 외면하는 나를 만들어
위장된 명제 앞에 잔인한 수단을 묵인하는 태연함을 연출시키지

나아닌 나 도 아닌 나와의 갈등은 한낱 핑계일 뿐
나 속에 또 다른 내가 평화를 죽임으로써 숲의 일원이 되지
그렇게 숲은
잠시도 평화롭지 않게 평화로움을 선사 하고
평화롭지 못한 삶은 늘 평화로운 삶 속에서 자라나지

* 블루마블(The Blue Marble): 1972년 아폴로 17호의 승무원이 지구로부터 4500km 떨어진 곳에서 촬영한 지구의 사진.

연못에 발을 담그고

홀로 먼 길을 가다 뜻하지 않게
숲속 작은 연못을 만났습니다
맑은 하늘로 가득 채운 연못은
평화로운 모습으로 나를 맞아줬습니다
나는 낯선 땅에서 익숙한 애인을 만난 호래비처럼
망설임 없이 발을 담그고
손으로 물을 떠서 얼굴을 적시며 호강을 누렸습니다
그런데,
내가 호강을 누리며 연못을 휘젓는 잠깐 사이
하늘이 깨지고 무너져 내렸습니다
연못에 평화가 사라지니
고통을 호소하는 물주름만 일렁입니다
나는 무안한 마음을 감추기 위해
혼돈에 쌓인 연못에게 질문을 던지기 시작했습니다
내가 행복하면 상대도 행복할 거라 믿어왔던 내가 잘못인가요
나의 행복은 순전히 나의 노력의 대가로만 여겼던 게 잘못인가요
그렇다 하더라도

내 속에 진실을 말했을 뿐인데
상대가 괴로워하는 이유를 알지 못합니다
그렇다 하더라도
더위를 식히기 위해 연못에 발을 담근 것이
왜 연못의 평화가 깨지게 되는지가 궁금합니다

여름 숲에서

삶은 언제나 여름 숲 한가운데서 시작된다
앞서 간 혁명가의 흔적마저 지워 버리는 여름 숲에서
각자도생을 위한 영역 다툼이 치열하다
내딛는 발끝마다 세력을 장악한 억새의 칼날에
길을 찾는 이유만으로 베이고 피 흘리며 분개한다
허공의 영역마저 허락지 않는 곤두선 위엄들이
도리 없이 머리 숙이게 하는, 길 없는 길에서
어쩌다 앞이 트였다 싶은 공간마다 촘촘한 그물망
대어대신 피라미인가 싶은데, 뭣이 걸리든
갈 길 바쁜 푸성귀들 이웃을 돌볼 여유가 없다
삶의 길은 언제나 높은 곳으로 나 있어
목덜미 땀을 식혀 줄 골바람이라도 기다리면
거침없이 무성해지는 세력들, 바람의 길마저 내어주지 않는다
숲속의 일몰은 너무 빨라 걸음을 서두르고
끈질기게 따라붙는 하루살이 떼, 짜증스럽게 휘갈기다가
오늘로 시작해 오늘로 끝나는 저들의 生을 생각한다
우리에겐 얼마나 많은 오늘이 주어졌는가!
날선 칼날에 스러져간 선각자를 따르지 못함을
무성한 억새의 세력에 동조하는 푸성귀들 탓할 것 없이

살벌하도록 치열한 저 하루살이 떼처럼
따지고 보면 우리도 하루살이인데,

일상 그리고 너

세월의 등을 타고 내달리던 다람쥐가
에스컬레이터 위에서 미끄러진다

미끄러지는 건 계단과 계단의 관계
네가 너에 걸려 넘어지는 건 우리의 과거가 되고
어제의 부속이 오늘의 부품으로 교체된 후
어제의 부속이 버려지는 속도에 가속이 따라 붙는다

가속이 붙은 만원객차를 타면 투명인간이 되고 마는 우리는
서로의 아랫도리를 스치는 동안은 살아 있으니까
죽을 시점엔 죽어 주는 게 산자의 도리다

죽음을 물어볼 필요 없이 추락과 승천을 반복해도
나무 밑을 벗어나지 못하는 다람쥐는
사투를 벌이는 시간의 마디는 쌓이고 쌓여,
놀림이 익숙해진 엄지 하나로
슬픔을 혼자서도 나눌 수 있음이 슬픔이다

슬픔에 무관심인 나무는 해를 가릴 뿐 그늘을 모르고

그늘을 벗어나려 바동대는 다람쥐를 무심히 바라보는 너는
우릴 차별 없이 맞아줬으나,
출발점이 다름에 닿지 못한 오늘 하루

새벽 꽃시장에서

아직은 숨죽인 듯 살아 있어요

목 잘린 생명들이 소곤소곤하고 있어요

밤낮으로 피었어도 가위가 될 수 없다면 살아야 해요

나를 키운 고향에 남기고 온 뿌리를 생각하세요

더운 땀 식을 새 없이 하루하루에 목매는 사람들도요

춤을 출수 없다면 비굴해도 웃어야 해요

하늘 문을 두드리다 죽어 가는 생명들을 생각하세요

시곗줄에 매달려 선택을 강요받는 사람들도 있는걸요

선택하는 자는 늘 乙을 밟고 하늘을 날지만요

선택받는 자는 늘 甲을 받드느라 항거할 기력이 없어요

쓰고 나면 버려지는 꽃다발처럼요 그냥 시들다 죽어 가요

시드는 꽃에 물을 주는 나라는 어디 갔나요

목마른 한 무더기 꽃들이 선택의 기로에 처했거든요

시드는 꽃에 물을 주는 나라는 어디 갔나요

2018 판문점의 봄

다 죽었다
산에
들에
길섶에
봄 아닌 모든 것들
다 죽은 뒤에야
움이 트고
꽃이 피었다

다 죽자
너에
나에
가슴에
동토 이후의 모든 것들
다 죽어서
봄을 오게 하자

북녘 땅 민둥산에
보일 듯 말 듯

임진강변 둔치에
필 듯 말 듯

기다리다
기다리다
코흘리개 백발 되는 봄

희망가

다시 못 볼 겨울을 목전에 둔 나에게
봄이 다시 주어진다면
봄이 없는 아프리카 빈민가로 가
숨이 말라 가는 아이들 속에서
나를 다시 찾고 싶다

취근에 빠져 봄을 놓쳐 버린 우리에게
다시 기회가 주어진다면
봄을 찾은 베를린 장벽으로 가
올리브 깃발 속에서
우리를 다시 찾고 싶다

이별의 나이만큼 봄이 지나갔음에도
봄을 잃어버린 경계의 땅에
올리브 가지를 심고
함성이 갈라진 이 땅 위에는
다시 찾은 나와 우리를 한데 모아
하나의 봄 길을 만들고 싶다

그 봄길 따라 찾아올
하나 된 가을을 기대하며

가면의 시대

가면이 지나간다
춤추며 지나간다 꽃 가면이다
노래하며 지나간다 봄 가면이다
쇼하며 지나간다 농 가면이다
시 쓰며 지나간다 흥 가면이다
아무리 둘러봐도 괴물 가면이 보이지 않는다
아무리 살펴봐도 영웅을 추앙하는 가면 뿐이다
누가 천사인지 누가 악마인지 구분이 되지 않는다
악마의 괴성도 영웅의 탈을 쓰면 사이다 맛이다
사이다 맛에 길들여진 우리가 가면을 쓴 것이다
가면을 써야 나 아닌 나가 된다
나 아닌 나가 돼야 영웅이 된다
나 아닌 나, 그것이 괴물이다

이제 마초는 가고 빈잔 만 남았다
농으로 봄을 채울 수 없으니 꽃이 죽어 간다
이제 낭만은 가고 헛기침만 남았다
흥으로 꽃을 읊을 수 없으니 시가 죽어 간다
이제 가면은 벗고 진실만 남았다

진실을 따질 가면이 없으니 사람과 사람 사이 언어가 죽어 간다

꽃을 살리고 시를 살리고 언어를 살려야 한다
어쩔 수 없다
가면을 써야 한다
앞에는 영웅 뒤에는 괴물인 가면.

노선버스

안전이 우선이라 자랑하는 버스를 탔다
안전만 따지다 지체되니
부자는 이미 부자이고 가난은 더 가난인데
가난을 책임지는 자가 없다

전진이 우선이라 자랑하는 버스를 탔다
전진만 생각하다 사고 나니
부자는 부자로 남고 죽는 건 가난뿐인데
가난이 죽어서 부자 된 적 없다

이 노선 저 노선
헷갈리는 역사의 아이러니들

좌로 가나 우로 가나
희망버스는 보이지 않고
헤게모니만 설친다

이별을 모르는 과거

스쳐간 바람이 돌아올 리 만무한데
들꽃은 여전히 흔들리고
그래서일까
지나간 봄이 여름 흔적 안고 가을에 와 있네

그냥 떠돌 듯 구름이 지나갔을 뿐인데
해맑던 하늘이 눈물을 흘리고
그래서일까
오래 전 가슴에 박힌 못이 살아 숨 쉬네

바람처럼 구름처럼
오늘이 오면 어제는 떠나간 줄 알았는데
소녀적 상흔은 할머니 가슴에 생생하고
추앙받던 군주가 영어의 몸이 되고
아 그런 것이었나
걸림 없이 스쳐가도 의미 없는 바람은 없는 것이네
아 그런 것이었나
무심히 흘러가는 구름도 하늘의 소품만은 아닌 것이네

칼바람의 변명

난 아니야
매서운 건 너희들이야
너희가 두른 두툼한 롱 패딩이 나를
노점상 할머니 적삼 속으로 밀어붙이고 있잖아
난 아니야
비겁한 건 너희들이야
너희가 쌓은 높은 빌딩이 나를
낡은 슬레이트 지붕 틈새로 몰아붙이고 있잖아

나는 자연을 평정하러 왔을 뿐이야
나를 핑계로 범부의 소박한 꿈
단칼에 날려버리는 짓은 하지 마
나는 균형을 유지하려 애쓰는 것뿐이야
균형을 유지하는 자연은 언제나 평화롭지
너희도 주머니를 비우고 힘의 균형을 유지해 봐

산은 정상으로 갈수록 공간을 비우잖니
너희는 정상으로 갈수록 공간을 채우잖니
햇빛은 추한 것도 비추잖니

너희는 추한 것만 가리잖니
하늘은 나를, 자연을 아울리는데 쓰잖니
너희는 나를, 꿈을 자르는데 쓰잖니

계영배*

가지 마라 가지 마라 거기까진 가지 마라

피지 마라 피지 마라 거기까진 피지 마라

푸르지 마라 푸르지 마라 거기까진 푸르지 마라

오르지 마라 오르지 마라 거기까진 오르지 마라

가고 싶은 선,
넘고 싶은 선,
거기엔 찰나도 없다잖아

만발하던 것들, 시들기 시작하잖아
짙푸르던 것들, 마르기 시작하잖아
끝 모르던 것들, 추락이 시작되잖아

가고도 가고 싶은 선,
넘고도 넘고 싶은 선,
앞에서 멈추랬잖아

술잔 위에 유랑의 언어도
나신 위에 사랑의 유희도
욕망 위에 정상의 환희도
거기까진 가지 마라 거기까진 가지 마라

기를 쓰며 넘으려는 선,
거기까진 가지 마라

* 계영배: 고대 중국에서 과욕을 경계하려고 술이 7부까지만 차도록 만들었다는 술잔.

때를 아는 꽃

꽃이 핀다 어디서 피어나든
꿈으로 가는 길은 멀고 바람이 거칠어
바람 없는 온실로만 몰려드는 꽃들
곱게만 자랄 적에 꿈은 더 멀어지고,
소모품인 양 온실 양육자들 계산에 맞춰
마구잡이로 출하되는 꽃들
아무도 질 때를 책임지지 않음에
꿈은 절망하고,
수백 번 선보이다 팔려나가
때를 모른 채 용도폐기 되는 꽃들
기억해 주는 건
자본가의 쓰레기통뿐,

세상은 너무 쉽게 바람을 가두지만
황량한 들판에 찬바람 가르는 꽃 있어
한 고비 한고비 흔들리며
희망을 피워내고,

세상은 너무 많이 가지려 들지만

밤새 절정으로 치닫던 백목련
물오른 봄의 목전에서
군말 없이 자리를 뜬다

無期囚

수인번호 510415 나는 무기수다
장기수는 점점 늘어나는데
수인번호 대기자는 줄어들고 있다
수당과 보조금까지 챙겨 주지만
감방생활이 불만스러운 것인가 대물림할 죄수가 없다

위정자들 묘책이 없는 가운데
놀고먹는 장기수는 늘어나고
부려먹을 신참죄수는 줄어들고,

신참죄수들 배고프다 엄살 부려도
굶어 죽어나가는 죄수는 없다는데
그래서일까 놀면 놀았지 힘든 노역을 기피하니
어렵사리 지켜온 감방, 살림 거덜나게 생겼다

이것이 다 고참 죄수들 죄다
신참 죄수들에게 손에 물 안 묻히게 한 죄
신참 죄수들 모아놓고 선착순 달리기만 가르친 죄.

썩지 않아 죽어지는

한여름 길가에 지렁이
어둡고 칙칙한 곳을 뚫고 나와
세상을 향해 외치고 싶은 게 있는 모양이다

작열하는 콘크리트도로 위에서
꿈틀꿈틀 전투를 벌이다 죽어지는 마당에
개미 떼에 적선까지 베풀며
몸뚱이가 잘려 나가도 멈출 수 없는 그 절절함이란,

한여름 뙤약볕에 콩밭 메다 쓰러지는 농부의 마음이
그러할까
거친 풍랑에 맞서 싸우다 휩쓸려 가는 어부의 각오가
그러할까
온통 방부제로 뒤덮인 세상은 그의 절규가 들리지 않은 듯
썩어짐을 미루고 있다

썩지 않으면 멸망뿐인데
나는 오늘도 방부제 몇 알 챙겨먹는다

어떤 生

아스팔트길 갈라진 틈에 질경이
가꾸지 않아도 무성해지고 있다
따사로운 햇살 아래 망중한을 즐기는데,

할머니 유모차가 어기적거리며 지나간다
(퍼렇게 멍이 들었다 이정도 쯤은 참아내야 한다)
검은 구두가 헐레벌떡 지나간다
(벗겨진 상처에서 피가 난다 그래도 다시 일어나야 한다)
타이어가 쏜살같이 굴러 간다
(눈 깜박할 사이 문드러져 의식이 없다)
청소 살수차가 물 회오리치며 지나간다
(아슬아슬하게 뿌리만 살아남았다)
포크레인이 덜커덩거리며 지나간다
(어? 바퀴체인이 닿지 않았다)
휴- 다행이다 빅뱅은 일어나지 않았다
뿌리가 남았으니 다른 유성을 찾아 떠나지 않아도 된다

무법의 길 위에서 이승과 저승이 오락가락한다
잔혹한 길 위에서 사후에 더 빛나는 길이 있다는 걸 배운다

무성해질수록 소멸이 가깝다는 걸 알고도 모른 척하는 사람들
무성해지기 위해 척박한 시골을 떠난다
시골 빈집 마당에 질경이가 자릴 잡았다
질경이는 기름진 곳을 찾아다니지 않아도 무성해지고 있다

이방인*

내 이름은 브라운,
엄마는 옐로
아빠는 블랙
나는 왜 엄마 아빠와 다른 걸까
나도 엄마처럼 찰랑대는 생머리였으면 좋겠어
내 머릿결은 왜 새집처럼 생긴 걸까
정성스레 빗질해 주는 아빠가 참 좋은데
그래도 블랙은 싫어
화이트까진 바라지 않아
나도 엄마 같은 옐로면 좋겠어

엄마, 나 울음을 삼키는 법을 알아
아빠, 나 참고 기다리는 법을 알아
그래도 궁금해
神은 화이트, 블랙, 옐로 만을 만드셨다는데
나는 어디서 온 거야
그럼 나의 후손은 뭐가 돼지?
그때도 나는 울음을 삼키며
엄마처럼 살아야 하는 거야?

그렇게 되기 전에 내가 神하고 결혼해 버려야겠어

그럼 디엔에이가 하나로 통일 되겠지

* 이방인: TV프로그램 〈이방인〉에 출연한 흑인 아빠와 한국 엄마 사이에 태어난 6세의 어린이가 미국생활에서 겪는 이야기 주제.

태풍, 별을 살리다

유독 유혹에 약한 혀의 농간 때문에 연동능력이 임계점에 다다라서야 쿠데타를 일으키는 미련한 밥통처럼 뭐든지 받아 준다 지린내 구린내 넘쳐나는 욕망까지 야밤에 몰래 집어넣는 음흉한 심보까지도 묵인해 준다 그렇게 깊이와 넓이를 헤아릴 수 없이 받아 주기만 하더니 참았던 성질이 드디어 폭발했나 보다 서방질한 년이 머리채를 잡혀 끌려 가는 비명 소리인 듯 늙은 불효자의 소 울음소리인 듯 창문이 후드득 떨어져 나가고 양은냄비가 놓인 밥상이 와장창 처박히는 소리와 함께 양철지붕이 초음속 비행 속도로 날아가는 굉음까지 이어진다 이 소란은 이웃의 이웃집에서 나는 것 같기도 하고 먼 바다배꼽쯤에서 시작된 것 같기도 하다 밤새 이어지던 소란이 새벽녘에야 잠잠해지자 궁금한 마음에 바닷가로 나갔더니 국적불명의 쓰레기더미로 뒤통수만 얻어맞고 말았다 돌아오는 길에 분한 생각이 들어 뒤돌아보니 지금 막 붉은 해를 밀어올리기 시작한 황금물결이 쓰리 디 필름처럼 파노라마로 다가와 슬러지가 덕지덕지한 내 가슴을 뻥 뚫고 지나간다

북한산 안식년 철책선

북한산을 오르다 보면 철창 밖에서 쳐다보는 시선들이 있다
범죄자를 면회 온 건 아닌 듯 모두가 멀뚱멀뚱이다
참나무, 소나무, 생강나무, 진달래나무, 단풍나무, 싸리나무,
억새풀 옆에 패랭이꽃도 보인다
피해자들 하나같이
자연을 사랑하지 않는 죄로 갇힌 죄수들
만기가 도래하지 않기를 바라는 표정들이다

때마침 철책 개구멍으로 탈옥하는 죄수들이 있다
탈옥자를 쫓는 국립공원 관리원은 보이지 않고
탈옥자들은 또 휘젓고 다니며 피해자를 괴롭힐 테고
볼썽사나워도 철책을 철거해선 안 되는 이유는 입증된 셈이다

하산길, 잣나무 아래 청설모가 두리번거리며 쳐다본다
새삼 오늘 산행이 미안해지는 날이다

어떤 이유

게으른 무릎 앞세워 심장의 수위를 넘나들며 오른 산
萬象을 누려야할 정상은 잠시도 한가롭지가 않다

이유를 묻지 말라는 듯,

휘어지고 뒤틀린 몸으로
오금을 바짝 긴장시키며 기웃 둥 서 있는 나무들
가파른 바위틈을 굵은 심줄로 옹골차게 디디고
동토를 건너온 초인처럼 품위를 잃지 않으려 안간힘을 쓴다

보고만 가라는 듯,

하늘만 믿고 밑으로 옆으로 몸을 낮추는 들풀들
세파를 뚫고 피워낸 꽃 하나 지키려 만개의 기쁨도 감춘 채
파르르파르르 쉬지 않고 경계의 긴장을 늦추지 않는다

하산길 비옥한 구릉지에
곧게 뻗어 부러움 사기에 충분한 나무들
정상을 향해 경쟁하듯 쭉쭉 뻗으며 올라간다

여느 산이든 정상에는
이유를 묻기에 충분한 나무는 있어도
부러움 사기에 충분한 나무는 없었다

수평선

별들이 보면
일상 발바닥으로 매달려 사는 우리가
별을 보려고 물구나무 설 필요가 있을까

물가에서
기립이 불안정한 아이는 엄마 손을 밀쳐내며
관심보다 중요한 것을 왜 위태롭게 하는지

관심의 유혹이 중심을 무너뜨릴 때
우리가 잃는 것은 일부가 아니야
찰나 간에 일어나는 경계의 저항, 그럴 수 있지

먹구름이 몰려와 성을 돋우고
푸른 정원이 썩은 환락을 토해낼 때마다
숨이 거칠어지는 신비의 푸른 나신
어둠을 마중하며 깔아놓은 붉은 유혹에
무너져버리고 싶기도 하지

그럼에도 본연을 잃지 않는 건

불멸의 경계에서 하루가 다른 하루를
지켜내기 위함이지

비록 떴다 지더라도
희망은 매일 떠올라야 하니까

폭염

별이 위험하다
불덩이처럼 뜨겁다
고통이 사경을 넘나든다
수그러들 기미가 보이지 않는다
신음 소리가 잠 못 이룬다
안타깝게도 그는
그를 배척하는 무리를 사랑했다

사방이 다 흙길이었다
등목하고 발 담그며 살았다
이집 저집이 다 그런 삶이었다
불편은 불행이 아닌데도
그에게 소중한 것들 너무 쉽게 포기했다
그가 싫어하는 것들 너무 많이 저질렀다

그의 고열몸살은 점점 심해져 간다
그의 인내가 폭발 직전이다
그를 진정시키려면
열기를 식히려 열기를 뿜는 짓을 멈춰야 하고

원시를 밀어내는 천적을 막아야 하는데,

그의 품에서 수억만 년을 살고 있는 무리들
그의 고통을 외면한다
달리 이사 갈 다른 별이 없는데도……

다만 신에게 미룰 뿐

양심가시

유달리 생선구이를 좋아하는 나에게
생선가시는 아킬레스다
어디에도 가시 없는 생선은 없으니
작은 가시 하나 못 넘기는 나는
먹음직스럽게 구워진 생선 앞에서 예민해진다

다들 웬만한 가시쯤은 의식 없이 잘도 삼키는데
왜 나는 미세한 가시조차 넘기기 힘이 드는지
내 안에 또 다른 내가 훼방놓는 것만 같다

혼자 유별나다는 소리 듣기 싫어서
어쩌다 잔가시라도 삼키고 나면
몇 날을 속이 불편함에 시달려야 하고
정직하게 가시를 발라 가며 먹고 나면
늘 나의 몫은 손해 보는 느낌이 든다

통째로 꿀꺽했다 관청 포토라인에 섰던 사람들
멀쩡하게 활보하는 모습 보며
내 속은 더 불편해진다

잔가시 하나 삼켰다 포승줄에 묶인 사람들 변명도 들어줘야 하니까.

소외를 사랑하다
—할머니 유모차

하나인 듯 둘이인 듯
함박눈보라 속을 실루엣이 어슬렁거리며 온다

감춘 건지 가린 건지 신을 배신한 열십자의 눈
낙타인 듯 사자인 듯 니체의 변명이 들리지 않는다

남을 건 떠나고 있을 건 버려진
늙은 둥지와 낡은 바퀴가 증인이 될 차례다

차츰 실체를 드리우는 실루엣
밀었다 끌었다
낡음이 늙음을 위로하며 행진한다

뒤뚱뒤뚱 엇박자 마찰음으로
반나절의 수고가 쌓여 간다

가벼워지는 함박눈이 열어 놓는 골목 어귀로
어기적어기적
유모차에 끌려가듯 가는 할머니

눈발인지 설음인지 날린다 날아 고물상 펜스 너머로
유행가 멜로디가 들리기 시작한다
아모르파티*
아모르파티

* 아모르파티: Love of fate, 니체의 運命愛.

소나무 분재

닥치는 대로 그린 그림이 실패작이었을 때
지우고 다시 그린다는 것은 얼마나 큰 기쁨인가

지나온 과거가 부끄럽다 하여 지우려 드는 것이
어리석은 짓이라면
차라리 도기화분에 뿌리 내려도 좋으리

덧셈으로 혈안이 된 세상
뺄셈을 몰랐다면
이미 존재하지 못했을 우리
더 이상 덧셈은 그만, 뺄셈으로 살아

지우고 비워낸 공간마다 햇살과 바람 불러들여
가지마다 줄기마다 심상이 영글도록
뿌리로 녹아드는 한 방울의 이슬처럼
아리따워지거나 고고해지거나

3

넌 괜찮니

넌 괜찮니

난 괜찮아, 찬바람이 어때서
겨울을 못 보고 간 친구도 있는데
새벽 한기 막아 줄 봄은 찾아올 테고
열기를 섞을 몸이 없어도 벽으로 돌아눕는 아픔이 없으니
기다림이 늦게 와도 괜찮아
얼었다 녹기를 반복하다 보면 내 영혼은 곰삭을 테고
혼자가 아니라서 외롭다는 걸 알게 될 테니,
회색 정글에 자라나는 하얀 마음과 검은 마음들
어차피 실루엣으로 보는 세상이면
닫혀 있으나 열려 있으나 나를 아는 건 나뿐이고
너를 아는 건 너뿐일 테니,
나의 피로 기아의 목을 적시나
너의 땀으로 풍요의 절정을 거두나
고독과 환락의 공존은 피할 수 없는 정글의 숙명일 테니,
확실한 건 숙련된 엄지검지로 별과 별이 도킹하는 거지
별을 사랑하는 친구들은 혀로 총을 쏘지 않으니
가슴에 구멍 날 일 없어
봄으로 태어나지 못해도 괜찮아
겨울 앓이도 내 몫이니까

말 거래

나의 말 거래는 네댓 살 때부터 시작되었다
어릴 적에는 거친 말을 팔아 순한 말을 사들이기 쉬웠다
철이 들면서부터 거친 말을 팔면 거친 말밖에 살 수 없었다
어쩔 수 없이 순한 말만 키우려 애를 썼으나
거친 말에 길들여진 나는 거친 말을 키우며 살았다
가끔 어렵사리 순하게 키운 말을 섞어 출하하기도 하지만
순한 말은 다시 나를 찾는 일이 드물고
거친 말만 나를 찾아와 뒤통수를 물고 늘어진다
뒤늦게 철들어 순한 말만 키우겠다고 다짐해 보지만
이번 생은 틀린 것 같다
나도 모르게 불쑥불쑥 거친 말이 튀어 나오니,

모래알갱이

무리들 따라 고지를 향해 오르는 길
발가락 틈에 무언가가 끼어 걸음을 불편하게 한다
무시하고 걷다가도 신경 쓰이고
걸음을 멈추고 살펴볼까 하다가도
뒤처지는 조바심에 다시 걷고,

무시와 결벽은 서로의 주장만 되풀이한다
인내하고 걸으면 불편하긴 해도 따라 갈 수 있고
한숨 쉬어 가면 뒤처지긴 해도 멀리 갈 수 있고,

그렇게 걸어가는 동안
나의 生은
늘 그런 갈등의 연속이었다

운이 없는 펜

호기심은 많으나 쉽게 싫증을 느끼는 나는
펜을 사 모으는 데 취미를 가졌다
연두색 펜으로 글을 쓰다 싫증이 나면 초록색으로 덧입히고
푸른 글자를 읽다가 기회를 놓칠까 봐 노랗게 빨갛게 밑줄 긋고
대열에서 처질세라 설레발쳐 봤자 그것도 한 시절뿐
세월이 흐를수록 나의 해마는 펜들의 기억을 지우려고만 하고
그 많은 펜들은 책상 위에서 길을 잃고
그렇게 덧입히고 밑줄 긋기만 반복하다
옳게 한 번 빛을 본 펜이 없으니
매정하게 버릴 수도 없어
서랍 속에 쌓아 둔 나의 생각의 조각들
아직도 꿈을 놓지 못하는지
겨울이 몇십 번 지나가는 동안 봄의 얼굴만 그리고 있다
예쁘게 그린다고 다 봄은 아니련만,

사랑의 민낯

사랑을 할 때는 누구나
땀을 팔아 꿈을 사준다 하면
전부의 전부를 건다
땀이 고갈 되고나면
전부는 일부가 된다

맞잡았던 손에
경계가 끼어들기 시작하고
진밥을 지으면
자꾸 된밥이 된다
밥상 앞에서 매번
취향은 유별나게 도드라지고
마주하는 시선이 평행으로 철로를 깐다
달그락거리는 수저소리가 긴장하고
영문을 모르는 울대는 겁을 먹는다
수저소리가 긴장을 풀자 기차는 떠난다

밤새 기차는 거친 숨을 몰아쉬며
활화산 몇 바퀴를 돌고 돌다

땀 젖은 이불터널을 빠져 나오면
어제의 일상은 오래된 추억이 된다

괜스레

옷장에서 철지난 옷을 골라 정리한다.

계절을 함께한 추억보다 애쓴 노고가 아까워

색이 바래고 무릎이 닳아도
씁쓰레 쳐다보는 지난 계절을 버리지 못한다.

혹여 쓸모를 기다리며 쌓여 가는 누더기들,

또 한 계절의 무게가 늘어 간다.

때 묻은 통장을 정리하다 마구 버린 땀의 흔적과 마주한다.
헉헉거렸을 땀,
수고의 실체는 없고 출입이 빈번한 회한만이 나를 응시한다.

되돌릴 수 없는 여정,
살비비고 눈비비고 아웅다웅하다 지체할 여유 없이
쌓아야 할 것은 허비되고

버려야 할 것만 쌓다 헐거워진 허리춤,

범부는 눈치가 희망이다 부엌에서 달그락거리는 소리 들린다

현미밥

보릿고개를 힘들게 넘은 보상이라도 받듯이
뽀얗고 매끄럽게 벗은 것들에 빠져 살다 병이 났다
고민고민하다 값을 더 쳐주고 덜 벗은 것들을 들여왔다
요것들은 목간도 오래 시켜 줘야 하고
찜통 사우나에서도 한참을 기다려야 나온다
벗은 것들에 익숙해진 나는 은근히 겁이 났다
온전히 벗은 것을 다루는 것도 힘이 부친데
덜 벗은 것들 다 벗기기도 전에 진이 빠져 버리면 어쩌나,
그래도 호기심에 부실한 병기로 살살 시간을 끌어가며 맷돌질을 했다
거참, 시간을 오래 끌수록 오묘한 맛이다
드디어 심장의 탁한 소리가 맑아졌다
이제는 번지르르하게 벗은 것들이 설쳐도 침을 흘리지 않는다
결국 깨달음은 후회가 온 뒤에야 왔다

칡넝쿨

이파리도 몇 개뿐, 반쯤 삭은 소나무 위에서
점령군이 덩실덩실 춤을 추고 있다
아무리 서둘러 차지하는 세상이지만
저만 살겠다고 해를 독차지하다니
저 무례함을 어찌할까
아니야, 보이는 게 다가 아닐지도 몰라

막무가내로 설쳐대는 기세에 눌려
기우러진 채 늙어 가는 저 소나무
그도 한때는 허리도 꼿꼿하게 제힘으로 무성했을 텐데
꼼짝없이 당하고만 있는 게 너무 답답해,
아니야, 말이 없다고 사연이 없는 건 아닐 거야

세상을 휘젓고 다니는 날선 기세
무슨 수라도 써야 할 것 같아
아니야, 아마 그도 겁 없는 시절 지나면
설치던 이파리 접고서 해를 양보할지도 몰라
내 젊은 날의 객기처럼

새벽 물안개

검은 침묵이 엷어지는 시간
두물머리를 지나던 어둠이 놓고 간 수채화
아직은 히포크라테스의 플라타너스실루엣이 보이지 않는다

엷은 스케치로 어렴풋한 저 너머의 꿈,
그제는 하늘에 독수리 발톱을 그리고
어제는 바다 건너 연어 떼를 그리다
오늘은 강가에 오두막을 짓는다

어둠과 역적 사이
아직은 역적이 드러나지 않은 검뿌연 화선지
거둬가기 전에
어둠을 해찰하다 출구를 잃은 너의 꿈,
고픈 듯이 그려봐

어둠이 어둠의 화선지에 허락한 시간은
이슬보다 짧아
어둠을 삼킨 어둠의 역적이 머뭇거리는 사이

묽게라도 그려 봐

어둠에 갇힌 너의 꿈, 들키기 전에

짝사랑한 신

사람들은 그를 짝사랑한 기라
절망의 고비마다
유혹의 순간마다
그의 사랑 하나 믿고 버틴 기라
그런데
그도 사람들을 짝사랑한 기라
함께 영생하리라 믿고
못된 짓하는 사람에게도
한없는 사랑을 준기라
그런데
사람은 필멸한다는 걸 뒤늦게 안기라
그래서
사람들에게 새끼를 잉태시킨 기라
그런데
사람새끼들 역시 필멸인 기라
그는 어쩔 수 없이
짝사랑만 하다 홀로 영생하게 된 기라
완성되지 않은 사랑이 영원한 사랑임을
그가 입증한 기라

그런데도 사람들은 억울해 하는 기라
그를 짝사랑 한 것에 대해,
그래서 주청드릴 게 많은 기라

폼

폼 잡았소?
폼 잡으시오
준비가 덜 됐다구요?
준비된 폼은 폼이 아니요
도적이요

폼 잡았소?
폼 잡으시오
거북하다구요?
거북하지 않은 폼은 폼이 아니요
사기요

폼 잡으시오
그냥 잡으시오
정직한 폼이 어렵다구요?
그럼 棺을 사오시오
棺 앞에서는
도적놈도 사기꾼도 다
폼이 정직해지오

문

누구나 가진 것을
누구는 열고
누구는 닫고
누구는 열기만 하고
누구는 닫기만 하고
여는 사람 기쁘고
닫는 사람 슬프고
열었다 닫았다
기뻤다 슬펐다
행불행은 앞면과 뒷면
열기만 하면
앞면만 보이고
닫기만 하면
뒷면만 보이고
앞은 마주할 수 있어도
뒤는 마주할 수 없는
삶의 초상

어머니의 눈

예수와 붓다가 싸운다
예수의 제자와 붓다의 제자가 싸운다
예수의 제자와 제자가 싸운다
붓다의 제자와 제자가 싸운다
예수는 사랑을 가르쳤다
웅장한 교회에만 사랑이 넘친다
붓다는 자비를 가르쳤다
화려한 금불상 앞에만 재물이 넘친다

어머니는 밥알을 씹어 아이를 먹인다
어머니는 옷을 벗어 아이를 감싸 안는다
예수와 붓다 그 제자와 그 제자가 싸우는 전쟁터에서
어머니는 아이의 총알받이가 된다
어머니 눈에는 예수도 아이요 붓다도 아이다
나의 유일신
어머니.

낙엽의 외출

잎이 늙어 가는 날은 혈류가 뇌로 모여들어
힘 빠진 걸음걸이 생각이 많아지고
고서를 갈무리하는 처마 끝에 햇살 맞으러 간다

생각을 담을 수 없어 숫자를 담은 카드가 생각을 전하고 나면
핸들은 차창 밖 무성영화 스크린을 돌리기 시작하고,
손안의 화면에 영혼을 뺏긴 사람들 속에서 투명인간이 된
나는
주인공 없는 스크린화면에 빠져 든다

한강대교 건너 해방촌 추억을 비추는 스크린이 꺼진 곳에
나의 시선을 이끄는 남산타워,
남산은 옛 정취 오래고 믿을 건 사랑뿐
연인들 따라간 사랑의 자물쇠 낭간에는
녹슨 사랑도 있고 새로운 사랑도 매달려 있다
갈라선 사랑이 있는지 알 길 없는 그 곳에
바람이 옮겨다 놓은 낙엽 하나
제 몸을 서럽게 흔들고 있다

가보지 않은 길

가늠이 안 되는 허공을
자유로이 다니는 새들의 무덤이 궁금한 적이 있다

수십 리 밖에서도 제집을 찾아간다는
곤충 이야기를 들은 적이 있다

하루의 안식을 찾기 위해 나선 길 위에서
시간과 씨름하다 되돌아가는 사람들
개미들에게 가난도 못 막는 부자라 말한다

앞선 사람들 따라가다 뒤처지면 몸은 허기져
더 쉬운 길을 찾아 헤매다 머루나무라도 만나면
이 길이 내 길인가 싶다가도 처음에 가던 길이 자꾸 생각이 나,
새들의 무덤을 생각하다 백년의 목전까지 가는 生이라면
수만리길 쯤은 투시하고 있어야 한다고 생각한다

그럼에도 나는
어둔 밤 숲을 헤치며 가다
항로를 따라가는 비행기 소리가 들리기라도 하면,
자동차에 나의 무덤을 싣고 교차로로 나가는 꿈을 꾸곤 한다

족적

누구나 한 번은 건너는 강,
무의식의 강이라면 구두는 벗어 놓고 갔을 텐데
그의 구두가 없다
강 건너 아득한 끝, 하얀 꽃물결은 정중히 서럽고
그의 무심한 미소는 말이 없다
평생 험한 길을 걸었을 그의 구두가
드러내기에 초라했던 것일까
구두가 초라하다고 부끄러운 세상이면
근사한 구두는 얼마나 더 부끄러워야 하는가!
그의 앞에 가지런히 조아리다 접객실로 옮겨 가
분방하게 놓인 구두들 사이에도 그의 구두는 없고,
다음은 또 어떤 구두가 안보이게 될지 알 수 없는 가운데
술잔 사이로 영혼 없는 덕담만 분분하다
피붙이들 위세만큼 국화송이 가득한 통로에도
보이지 않는 그의 구두가 굽이 휘었거나 볼이 뒤틀렸거나
그의 삶도 그러했을 테니,
이미 강을 건넌 그에게 의미 없는 부의함 대신
땀이 젖은 그의 구두를 내어 놓는다면
이미 그의 길은 끊겼으나
그가 걸어온 길은 남게 될지도,

아파트단지

가끔씩 차량 감별기가 하품을 하는 오후
주인이 할부이자를 벌러 간 사이
담보물은 지하그늘에서 낮잠을 잔다

손가락 감식기가 습관처럼 움직이고
하루 두 번뿐인 호흡이 벅찬 철제문
숨 가삐 바깥공기를 빨아들일 새 없이
다시 입을 닫는다

울타리를 대신하는 콘크리트 벽 너머
소란스러울 수밖에 없는 고달픈 저녁
도리 없이
아랫집은 늘 억울하고
윗집은 언제나 편치 않은 밤

층과 층의 경계가 두터워져도
여전히 피어나는 꿈은 사육되고
네모에 갇힌 죽음도 불안한 행복도
신문방송에서만 일어나는

철옹성의 마을

울타리가 오기 전까지
한 가족이었던,

여행의 끝

허기질 때 마다 찾게 되는 책방동네에는
별별 맛 집들이 즐비하지만
입맛에 맞는 맛집을 찾기란 쉽지 않다
남들이 맛있다는 베스트셀러군의 집에서
성공을 먹어 보니 헛배만 부르고
대박아저씨 집은 갈 때마다 사람이 너무 많아
나에겐 기회조차 주어지지 않는다
근사한 메뉴에 끌려 소설양의 집에서 사랑을 시켜보니
사차원 맛이라 내 취향과 거리가 멀고
입소문으로 유명한 인문노인 집에 들러
예수를 먹었더니 인스턴트 맛이고
부처를 먹으니 물인 듯 술인 듯 맹숭맹숭하다

하는 수 없이 마지막 동화어린이 집으로 가
문을 열고 들어서자
때 묻은 비단으로 치장한 어른들이
누구의 옷에 때가 많은지를 두고 다투고 있다
이를 쳐다보며 벌거벗은 아이들이 해맑게 웃고 있다
넋 놓고 따라 웃던 나는, 불현듯 떠오르는 게 있어

무릎을 치며 책방동네를 나오자
막차는 이미 떠나고 없다

묵시(默詩)

"ㄱ"자를 배웠으나 낫의 역할을 잘 모르는 나는
문맹을 깨우치러 교회에 나가 예수를 떠올리면
남들 따라 꿀꺽했던 잔가시들이 심보를 건드리니
성경 글귀를 읽을 수가 없고
절간에 나가 붓다를 떠올리면
감춰둔 수의 주머니가 들통날까 겁을 먹으니
불경 봉독을 할 수가 없다
하는 수없이 기도라도 할라치면
나를 위해 기도하는 일이 먼저인 것과
남을 위해 기도하는 일이 먼저인 것 사이에서 갈등하는 나는
나를 먼저 생각하면 염치가 보이고
남을 먼저 생각하면 손해 보는 것 같아
그만 문맹이 되고 만다
생각만 하다 뱉지 못하고 가슴에 쌓아둔 묵은 글과 썩은 말들
토해내면 살 것 같아 아버지 묘소로 달려가지만,
혼자 중얼거리는 것조차 남사스러워
엎드려 묵시만 읽다 온다

□에 갇히다

콘크리트 □벽 안에 있는 □침대에서 일어나 □식탁에서 밥을 먹고 □유리곽이 겹겹이 쌓인 맨 꼭대기 층에서 러닝머신을 타는 사람들이 즐비하고 □창문 밖으로 고기집 피자집 국수집 □간판들이 즐비하다

□의 각은 한 치라도 어긋나면 무너지고 부서져 버리니 다시 각을 맞추기란 인생을 두 번사는 것만큼 힘들어 □점포 안에서 고기와 피자를 굽고 국수를 삶아 월세와 대출이자와 학비를 충당하고도 이웃에 돈 꾸러 가지 않으려면 □각의 아귀를 맞추는데 목을 매야한다

하루하루 □각을 맞추며 살아가기란 참 고달픈 일이라서 이웃집 아저씨는 너무 빨리 □각을 맞추려다 중풍으로 쓰러져 반신불수가 되셨고 울 엄니는 새끼들이 망쳐 놓은 □각을 다시 맞추려 평생 애를 쓰다 결국은 빚만 남기고 가셨다

나라님들은 둥근 움막보다 □집이 많으면 되는 거라며 위세를 떨고 거대한 상속자들은 □각이 하루아침에 무너지는 바람에 관청포스트라인에 서는 일이 종종 발생 한다

어릴 때부터 그려온 □지만 더 큰 □를 유지하기 위한 길이와 압력의 밸런스를 맞추는데 실패한 나는 사글세 □안에 갇혀 살다 하직하는 순간에도 □관 속에서 이별을 고해야 될 것 같다

걸레질

무릎 꿇고 엎드려 거실바닥을 닦다가 자세히 보니
마루 이음새에 낀 때는 그대로다
꼬챙이로 긁어내 보지만 깨끗이 닦이지 않는다
매일 닦는 거실바닥이 이 지경이면
진작 무릎을 꿇고 매일 닦아내야 할 것은
따로 있는 건 아닌지 생각해 본다

내일은 보이지 않으니 어쩔 수 없다 해도
눈에 보이는 오늘이라도 닦아내려면
어제의 어느 부분에 때가 묻었는지 꼼꼼히 살펴봐야 한다
어제를 살피기 위해
식탐을 끄집어내 보면 찌꺼기가 구석구석 쌓여 있고
지갑을 열어 보면 나의 땀도 묻어 있지만
누구 것인지 모르는 핏자국도 있다

찌꺼기와 땀자국은 무릎을 꿇을수록 깨끗해지는데
핏자국은 오래도록 무릎을 꿇어도 지워지지 않는다
그 핏자국 볼 때마다 부끄러우면서도 지갑을 포기 못하는 나는

행군 걸레를 또 행구며 기도 한다

지갑을 채우는 데 정신이 팔려 나도 모르게 할퀴었을
누군가의 상처가 곱게 아물어 주길 바라며,

천국 가는 길

빚 없이 사는 게 천국이라지만 나에게 빚이란 삶 그 자체여서
3킬로그램에 불과했던 원금이 60킬로그램으로 불어나 빚을 갚을 걸 생각하면 막막하다
그나마 다행인 것은 나이가 들면서 탱탱했던 볼때기가 쭈글쭈글 말라간다는 것이고
불행인 것은 시간이 갈수록 날씬했던 배때기가 돼지오줌보처럼 부풀어 간다는 것이다
빚을 갚으려다 딜레마에 빠지는 이유는
하나는 비워야 한다는 마음인 것이고
둘은 비우고 난 후를 걱정하는 마음인 것이다
무소유로 살다간 노승은 빚을 다 갚고도 사리를 남겼다는데
늦었지만 이제부터라도 빚을 갚으며 살고 싶다
빚을 갚기 위해 집도절도 다 버린다 해도 시간이 더 필요하다
먹은 만큼 살도 썩고 자란만큼 뼈도 삭고
자궁에서 나올 때만큼의 무게가 되었을 때
나는 천국으로 돌아가 미련 없이 원금을 돌려줄 것이다
그래도 한 가지 후회는 남을 것 같다
보이지 않는 빚은 갚을 길이 없으니…

전봇대 추억

그가 신작로에 터를 잡은 후 동네가 좋아질 거란 소문이 돌았으나 쾌쾌한 석유 냄새가 사라졌을 뿐 어머니 한숨은 줄어들지 않았다

며칠새 잡동사니와 친구가 돼 버린 그의 몸에서 지린내가 나기도 했으나 사라호 태풍이 세간살이를 휩쓸고 가는 와중에도 그는 굳건히 제자리를 지켰다

그와 그 사이에서 나의 손가락셈을 시험하는 참새 떼보다 수평선 너머가 궁금했던 나는 그의 꼭대기에 오르려 바동댔으나 뜻을 이루지 못한 채 고향을 떠나오면서 그가 무정하다는 생각이 들었다

그의 도움 없이도 수평선을 건넜으나 내 앞에는 또 수평선이 놓여 있어 다시 또 수평선을 건너는 사이 해괴한 이유로 참새 떼가 떠난 후 그의 역할도 끝이나 몸뚱이마저 땅에 묻혔다는 소식이다

그의 운명처럼 내 몸뚱이도 역할이 끝나면 땅에 묻힐 걸 알지만 혹여 백수 행운이 아니더라도, 설마 벽에 똥칠할 때까지는 아니더라도, 그 많던 참새 떼 다시 돌아오는 날 있을까 싶어 역할을 늘려 볼까 궁리하는 중이다

어느 날 갑자기

별것도 아닌 듯
헛기침도 없이
하얀 슈트의 사나이가 다가와
마른 입술로 무심하게 툭, 한 마디 뱉는 순간

하늘이 희망을 숨기고 사라진다
비루한 생의 마지막 보루, 땅이 꺼져 내린다

되물어 볼 기력도 없이
아뿔싸, 올 것이 왔구나!
헛웃음이 너덜너덜 걸음이 방향을 잃는다

의식은 초점을 잃지 않으려 입 안에서 악을 쓴다

야, 이놈아
검은 망토도 걸치지 않고 예고도 없이 불쑥
이건 신의 예의가 아니지
신이 보내서 왔다면 나중에 다시 오거라
뒤통수 매만지러 이발소에 다녀와야 한다
그땐 암 선고보다 더한 것도 괜찮여.

4

길 위의 인생

길 위의 인생

기를 쓰고 산을 오르는 사람들이 있다
목숨 걸고 바다를 누비는 사람들이 있다
신나게 하늘을 나는 사람들이 있다
그 사람들 하나같이
그곳을 향하고 있다
우리 모두는 다
그곳으로 가고 있다
다들 알고 있으나 잊고 사는 그곳,

* * *

목숨을 주어도 아깝지 않은 사랑이 있다
배신하고 떠났어도 그리운 사랑이 있다
가슴을 도려내듯 아픈 사랑이 있다
그 사랑들 하나같이
그곳을 향하고 있다
그 어떤 사랑도 모두 다
그곳을 향해 가고 있다
누군가의 가슴속에 별로,

겨울나무

화창한 봄날 신바람 나게 지어 입은
화려한 옷도 버리고
뙤약볕에 등짝적시며 불려 놓은
세간도 버리고
오매불망 배 곯아 가며 채워 놓은
곡간도 버리고
다 버리고
알몸으로 어찌 살까
겁이 난다
겁이 난다 했더니
하늘에서
소복 한 벌 내려 주셨다

아,
주신 옷 입고 잠에 들 시간
이제 깨어나는 일 없어도
잠 속에서 꿈은 꾸고 싶다
내 마지막 뒷모습이 궁금해서

풍경(風磬)

까닭을
잃은 걸까
바람을 뒤척이며 앓는 소리
사벽을 넘어
수도자의 울대를 타고 흐른다

얻은 바 없으니
비울 것도 없는 허공이
안쓰러워 품어 안으면
소리는 더욱 절절히
애를 끊고

소리를 비워야 할지
바람을 채워야 할지
추녀에 매달린 갈등이
쉼 없이 흔들리니

속세를 등지고픈
낭객이 아닌들
쉬이 잠을 이룰까

묵은 낙엽

숲속에 빛바랜 시체들이 쌓여간다
겹겹이 쌓인 시체들 위로
저승의 그림자가 드리우면 이별이 쌓이고
이별은 때를 알고 떠나는 희망과
때가 되어도 못 떠나는 슬픔을 선사한다

꿈을 불사른 시체들 이별이 다가오면
곰삭은 시체더미를 뚫고 새 생명은 돋아나고
수천 겹의 시체를 머금고 서 있는 아름드리 참나무 위에서
때를 놓친 갈잎 하나 파르르 떨며 내려와 눕는다

뜬금없이 날아든 부고장 하나

가장의 귀가

소야 가자
덤불을 헤치고
돌밭을 지나면
저 언덕 아래
저녁연기 피어나는
우리 집이 있단다

가자 어서 가
갈아야 할 돌밭은
아직 많은데
멍에가 버겁다고
투덜대면 어쩐다니
그래도 너는
잠 잘 때만은 멍에를 벗잖니
나는 이날 이때까지
멍에를 벗어본 적이 없단다

그런데, 소야
그 멍에 짊어진 나를
평생 품고 산 사람도 있단다

할 때까지만

무지개 꿈을 안고 소문난 장미밭을 찾아가는 길,
길가에서 만난 해바라기가 기꺼이 동행한다며 따라 붙는다
별 관심도 없이 말벗이나 하다 장미밭이 나타나면
헤어지면 그만이라고 생각했다
그런데
첫 번째 장미밭에 다다랐을 때 내 손에는
나를 닮은 아이가 매달려 있었고
두 번째 장미밭에 이르렀을 때 내 가슴에는
학부모라는 명찰이 붙어 있었다
어쩔 수 없이 명찰을 뗄 때까지만 버티자 하며
세 번째 장미밭을 지나쳤는데
명찰을 떼고 나니 내 얼굴에 자녀 혼례라는 글자가 새겨졌다
얼굴에 오물을 묻히기 싫었던 나는
네 번째 장미밭도 지나치기로 하고
다섯 번째 장미밭으로 향하고 있는데
내 이름이 할아버지로 바뀌어 버렸다
아, 그 많던 장미들 대면 한번 못해 보고
할 때까지만 반복하다 무덤 가까이 와버렸다
한심한 놈!
옆에서 낯익은 젊은 할머니가 나를 째려보고 있다

진달래나무

무엇이 그리 절절한가요
굽은 허리 마른 손
비탈언덕 바위틈도 상관없는 당신

무엇이 그리 당당한가요
멍 든 마디마다 피를 녹여 낳은 자식들
예쁘게 자라 곱게 피어날 수 있다면
한 철이라도 만인사랑 받을 수 있다면
살을 에는 냉골바람도 상관없는 당신

먹는 것도 입는 것도 자식먼저 앞세우며
평생 자식 뒤에 숨어 사는
자식이 없으면 있어도 없는 존재
아름다움도 미안한 당신

어머니,
여직은 여려한 꽃잎에겐 버거운 봄입니다

보물찾기

시내 비싼 아파트를 팔고
교외 값싼 아파트로 이사를 왔다

아파트 정원에
아침마다 새들이 모여든다
밤마다 별들이 내려온다

새소리 따라 숲나라로 들어서면
잎사귀들 하루 종일 홍얼홍얼이다
별빛 따라 꿈나라에 빠지면
소꿉동무 추억들 밤새 새록새록이다

새들의 덕일까
별들의 공일까
아,
내가 찾던 게 여기 있었네

봄눈

버선발에 이별을 숨긴 채
하얀 소복을 입고서
뜬금없이 찾아 들었습니다

미처 차려입지 못한 길섶에 냉이
너무 일찍 왔다며
파르르파르르
입술을 실룩거립니다

기지개 켜려다 움츠려든 솔가지
청승맞게 웬일이냐며
후르르후르르
소매를 털어냅니다

등 떠미는 앳된 햇살에
서러운 눈물방울
뚝― 뚝― 뚝―
진달래 끝가지에 떨어져
봄을 쿡쿡 찔러댑니다

알프스 트래킹

나는 걷는다
끝을 알 수 없는 길
구름과 안개에 가려 한치 앞도 보이지 않을 땐
발밑에 들꽃을 보며 걷는다

아득하고 평화로운 이 길
어머니 뱃속 천국에서 또 다른 천국을 찾아
삼백여일을 헤맨 그때처럼
이 길 끝이 천국이 아닐 텐데도 이 길을 가는 건
세상이 제자리를 잡을 때만 보여 주는
마테호른 황금 봉오리 때문도 아니오
파노라마로 펼쳐지는 목가적 풍경 때문도 아니다
어머니 뱃속을 걷어참으로써 존재를 알리는 태아처럼
내가 걷고 있을 때 살아 있음을 느끼기에
언젠간 돌아오지 못할 길을 나설 때
망설이지 않으려고,

눈꽃

푸르고 어여쁜 것들은 가라
나대지 말고 가라
아름다움을 다 덮어 버리겠다

시들고 초라한 것들은 와라
머뭇거리지 말고 와라
싱그러움으로 다 덮어 주겠다

찢기고 상처 난 것들도 와라
서러워 말고 와라
모난 것들을 다 품어 주겠다

후손을 잉태하지 못해도 좋다
한나절 못 넘기는 목숨도 좋다

아름다움이 미안하다 말할 때까지
태양이 눈부시다 말할 때까지

나는 신 위에 신께서 피워낸 꽃이다

그래서,

색 없는 색으로 피었다 흔적 없이 진다

아침 산책

북한산 구름정원 길 숲으로 들어서면
하늘화선지는 쪽빛이고
살갗을 드러낸 소슬바람이
음양부터 그리기 시작한다

엊저녁 그리다만 수묵화는
아직 노고산 허리에 걸려 있고
지금 막 완성되가는 정물화에
날개 손님들 아침 준비 바쁘다

천대받던 내 발뒤꿈치 안단테 리듬을 탈 때마다
눈앞에 파노라마로 펼쳐지는 걸작들
어젯밤 밀린 숙제에 답을 주기 충분하고
지휘자 없는 오케스트라가
메들리 협주곡을 연주하는 지절이
시리게 푸르다 부시게 낙화한다

하루의 답을 구한 객의 심상은
새가 아니어도 창공을 날고

시인이 아니어도 흥얼거려지는
이대로 숨이 멎어도 살 것 같은, 아침

꿈과 사랑

밤길을 가다 나무 앞에 서서 생각한다
나무가 서서 잠을 자는 이유에 대해,
밤하늘에 별이라도 지키려는 것일까
그에게 별이란 무슨 의미일까
내 가슴 속 꿈과 같은 것이라도 되는 걸까

산을 오르다 숲속에 쓰러진 나무를 보며 생각한다
나무가 누워 있기만 하는 이유에 대해,
땅위에 미물의 밥이라도 되려는 것일까
그에게 미물이란 무슨 의미일까
내 어머니 가슴속 사랑과 같은 것이라도 되는 걸까

별과 나
미물과 어머니

망각의 행복

사철 벗은 아이가 민들레 홀씨 따라 창공에 갇히면
갯바람은 아이의 넋을 빼어 가는,
엄니의 야단보다 해찰하느라 하루해가 짧았던
칠칠치 못한 아이일 때가 참 좋았다

시간이 굽은 허리를 끌어당기는 동안
일상의 기억들은 돌아서면 가물가물
기억의 빈자리는 유년의 기억들로 채워져
손가락 끝에서 현관문 비밀번호가 아름아름하여도
생각이 비어 있을 때 비로소 나는 내가 된다

딱히 무엇에 넋을 잃었는지도
딱히 무엇을 보았는지도 모른 채
길가에서 시간을 잃어버린 칠칠치 못한 아이로 살고 싶다

어젯밤 꿈자리에서 오줌싸개 내 모습이 보이더니
큰누님 가슴에 옹이가 된 매형이 알츠하이머 증세로 입원했
다는 전갈이 왔다

우리에게 자유란

자유는 욕망의 허수아비
욕망으로 가는 길에 웃음과 눈물은
기쁨과 슬픔의 꼭두각시일 뿐,

젊음을 바친 열정과 인내는
욕망의 노예일 뿐이었으니
자유는 어디 있는가

욕망이 소멸될 때만 누리게 되는 자유
욕망이 있을 때만 유지되는 生,

生이 끝나서야 맞이하는 자유를 위해
정글의 혈투가 치열하다
피 터져 쓰러지고 배곯아 쓰러지고
뛰어가나 걸어가나 결국엔 얻게 되는 자유,

자유는 소중하니까
죽음 뒤에 너는 자유다

달력(calendar)

용서하지 마라

첫 대면 때마다 주먹 불끈 쥐며
굳게 다짐해 놓고
사흘도 못 넘기는 것을,
가족에 대한 것은 지키지 못해도 괜찮다
각자의 인생이 있으니까
이웃에 대한 것 또한 지키지 못해도 괜찮다
다들 그러하니까
그러나
너에 대한 것은 용서치 마라
해마다 용서하다 보면
나이 들어 엄중한 벌을 받게 될 테니,
神도 되돌릴 수 없는 벌
후회.

겨울 정류장

얼음비에 가슴은 시리고
걸어가는 동안
당신을 태워 보낼 버스가 오지 않기를 바라지 않았다면
나의 사랑은 위선입니다
그럼에도
정류장에서 기다리는 것은 버스가 아니라
내 속맘이 밖으로 걸어 나오길
기다리고 있었는지도 모릅니다

깊고도 뜨거운 당신의 바다에서
숨이 멎고 싶은 날들이 늘어 갈수록
버거워지는 불안과 비겁이
나를 정류장까지 밀어냈으나
다행인 것은
당신의 뜨거운 향기는 아직도
내 혈관 속에 흐르고 있다는 것입니다
예정대로 버스가 오고
당신을 태워 보낸 후에도
내 심장이 멈추는 순간까지는

나의 혈관은 흐르고 있을 것이고
떠나간 버스가 다시 오기 만무하지만
나는
정류장에서 당신을 기다리는 것으로
하루를 살다 죽을 겁니다

癌세포에게 · 2

내가 너를 알기 전에 너는 이미 나의 정원에 있었다
필름이 끊기고 조명이 켜질 때쯤
나의 과거가 너에게 단 한 번의 시선도 주지 않았음을 말하려했을 때
나는 숨이 멎는 두려움 보다 후회라는 말이 더 무서웠다

비지땀으로 얼룩진 악몽이 시소그네를 타는 날들이 쌓여
낮을 빌어다 밤에 지은 구름 위의 집을 지키려 팽창해진 핏대는
타피오카의 독에 빠지고
결핍에 복수하려는 세치 혀의 사치가 극에 달할 때, 네가
46초마다 경고를 보내며 42만 킬로를 달리는 동안에도*
나는 너를 기만했다

하얀 베일의 칼을 빌어 너의 어둠을 도려내는 고통이 밀려와도
희망은 언제나 어둠 속에 피어나나니
암흑은 나의 미래요 고통은 나의 生이다

나의 고통이 너의 존재를 알게 한 후
움켜쥐었던 주먹을 펴니
하늘이 없던 날들이 처음으로 저녁달이 보이기 시작했다

* 사람 혈관의 길이와 순환하는 데 걸리는 시간.

내 고향 토산은

붉은 해 앞세우고 태평양이 열리면
미깡나무 사이로 한라산 잔설이 들고
가지마다 황금알이 주렁주렁 물들이는 곳

망오름 뻐꾸기 구슬피 울제
해녀들 숨비 소리 장단 맞추어
은빛 물결 토산만에 물새 나르고
돌담마다 인정이 넘쳐나는 곳

하늘이 내려와 수평선에 머물고
당동산 아이들 노랫소리 잦아들면
시집 간 누이가 물허벅 지고 오는
내 고향 토산은 꿈결 같아라

| 작품해설 |

육신의 소리 사색의 깊이

| 작품해설 |

육신의 소리 사색의 깊이
—안성우 시 세계

강희근
(시인 · 한국문인협회 부이사장)

1

안성우 시인의 첫시집 『가면의 시대』는 단단하다. 여늬 시인들의 첫시집 시편들보다 시적 진정성을 더 많이 확보하고 있기 때문이다. 그는 시를 쓰기 전에 인생적 체험을 기록한 『五無人生의 평범한 성공』을 낸 바 있는데 거기에 그의 인생관과 삶에의 도정을 진솔하게 표현한 부분들이 많은 감동을 주었다. 아마도 그 기록들이 이 시집의 주된 흐름에 접속되어 있지 않은가 싶다. 필자는 한 저서에서 시를 쓰기 전에 산문 능력을 기르는 것이 좋겠다는 희망을 피력한 바 있다. 그런 점에서 안성우 시인은 체험적 산문을 먼저 쓰고 이어 시작품에 몰입해 온 것이 절차상 든든한 과정을 밟았다고 할 수 있다.

안 시인은 『5무인생의 평범한 성공』에서 가지지 않은 5가지를 돈, 인맥, 학벌, 용기, 재능 등으로 말하고 이런 밑바닥에서 끈질긴 생명력으로 버티고 이겨내어 오늘에 이르렀다고 말할 수 있다는 것이다. 거기에 주의를 기울일 만한 구절들이 있다. "5무 인생이 성공하는 길은 개인의 능력 차이를 인정하는 것부터다, 수준에 맞는 꿈을 꾸어라. 돈을 좇지 말고 꿈을 키워라. 성공은 환경의 차이가 아니라 절실함의 차이다."와 같은 체험적 경구들이 그것들이다. 시는 어떨까?

2

먼저 안 시인의 시편들은 육성의 소리를 내고 있음이 눈에 띈다. 서정주의 초기 시편들이 육성의 소리들이었다. 온몸의 나아감이라 할까. 전인적 생명에의 몰입이라 할까 하는 어쩔 수 없는 이행이었다.

가을이 오면, 그 섬에 가고 싶다

삼다의 설화가 숨은, 그 섬에
오름 들녘 소떼 쫓는 소년을 만나면
자갈밭에 검질 매는 허리굽은 어머니와
태왁 인고 물질하는 누이의 안부를 묻고 싶다

돌담 구멍마다 바람이 살고
갯고랑마다 파도가 사는. 그 섬에
붉게 타던 노을 수평선에 빠져 들고
짭조롬한 갯내음이 어스름 몰고 오면

어머니 한숨 소리 밥솥에 넣고
누이의 숨비 소리 국솥에 넣어
마당에 멍석 깔고 저녁상 차리면
초가 위에 별별 식구들 모여드는, 그 섬에

신작로를 서성이는 키 작은 소년을 만나
수평선 너머의 꿈을 좇다 잃어버린
나의 가을을 말해 주고 싶다

해마다 오는 가을이어도
잃어버린 섬의 가을을 만나고 싶다, 가을이 오면

—「그 섬에 가고 싶다」 전문

따옴시는 제주에서의 유년을 생각하며 이향 이후의 정서로 귀향의 열망을 표현한 시다. 이 시는 시인이 손끝으로 쓰는 시가 아니라 전신으로 전인적으로 체험한 것으로 형상을 찾아낸 시편이다. 담담히 쓰고 있지만 내용은 아주 숨가쁘고 추억의 되살림으로 유년 복귀와 귀향의 꿈을 드러내고 있다. 삼다 섬에는 자갈밭에 검질 매는 허리 굽은 어머니가 있고 태왁 안고 물질하는 누이가 있다. 어머니와 누이가 그 섬에 꽉 차 있다는 느낌을 준다. 거기다 3연은 "어머니 한숨소리 밥솥에 넣고,/ 누이의 숨비 소리 국솥에 넣어/ 마당에 멍석 깔고 저녁상 차리면" 이라 하여 섬에 남아 있는 식솔들의 온몸 애환과 질곡의 숨소리를 밥상으로 바꿔 놓는 유년 지속의 가난이 실존으로 표현되고 있다. 이것이 육신의 형용이고 육성의 소리이다.

왜 안 시인은 고향을 두고 이런 육성의 소리를 낼 수 있을까. 안 시인은 제주도의 한 궁벽마을에서 태어나 초등학교와 중고등학교를 그곳에서 졸업한 뒤 가난에 시달리는 어머니를 둔 채 이향의 결심을 하고 섬을 탈출하게 된다. 그 이후의 삶은 인간이 겪을 수 있는 곤핍과 불행과 고난이라는 바닥을 치는 과정을 거쳐 스스로 말한 '5무 인생의 평범한 성공'을 거두기에 이른다. 그 과정에 대해서는 뜻 있는 독자들은 그 체험적 성공론을 참고해 보면 좋을 것이다. 그런 과정을 염두에 두면 1연에서 3연까지의 지나간 세월이 단순한 장소 이동의 귀향의 염원이 아님을 알게 된다. 그러나 꼭이 독자에게 그 과정을 알거나 알아내고 나서 읽으라고 주문하는 것이 아니다. 그 배면에 깔려 있는 아픔과 이력이 있으리라는 것을 암시하는 시에서 육성이 묻어남을 손에 마음에다 새기면 될 터이다. 특별히 시인의 제주도 말을 그 밑천으로 하고 있음도 주목할 수 있다. 오름, 태왁, 갯고랑, 숨비 소리 등이 그 예이다.

봄을 몰고 온 바람 꽃비 뿌리며 지나간다
머리 어깨 발 위를 뒤덮는 꽃잎들
내 꽃다 이둔 꿈이어도
나 꽃잎 줍지 않으리

하늘처럼 고우나 하늘로 가지 못해
이 땅에 하늘거리는 꽃잎들
내 젊음 녹아든 보석이어도

나 그 꽃잎 줍지 않으리

화려하게 부활했으나 한철을 못 넘기고
애달피 떨어지는 꽃잎들
내 그토록 품으려던 사랑이어도
내 기어이 그 꽃잎 줍지 않으리

나에겐 꽃잎도 버겁다
소풍 마치고 돌아가는 길

—「벚꽃길에서 철들다」 전문

따옴시는 화사한 벚꽃에서 화자의 육성의 소리를 듣는다. 어쩌면 달관에서 온 육성일 수 있다. 벚꽃을 두고 필자는 '계란 후라이'처럼 완료형으로 피는 꽃이라고 말한 바 있다. 일제히 일사불란으로 희게, 맘껏 화사하게, 못말리게 흐드러지는, 눈꽃처럼 근지러이, 난만 극치로, 팝콘 튀기는 소리로 피는 꽃이라는 것. 그러니까 벚꽃은 어떤 궁극, 절대, 절정, 함성 등 지극한 것을 띄워 올릴 때 등대해 진다. '내 못다 이룬 꿈', '젊음 녹아든 보석', '품으려던 사랑' 등을 생각하면 절망이기도 하고 좌절이기도 하고 낙담이기도 한 것이지만 벚꽃이라는 그 동일성을 허락받고도 화자는 그 허락을 허락하지 않는다. 종결사에서 "나에겐 꽃잎도 버겁다/ 소풍 마치고 돌아가는 길"의 달관 앞에서 그렇다는 것 아닌가. 어쨌거나 화자의 꽃잎을 선택하지 않겠다는 의지는 눈물겨운 역정의 역설일 수 있을 것이다. 그에게 무슨 역정이 있어서 이런 역설이 나올 수 있는가. 독자는 그것 이면을 보기보다는 지금의 단호함의 소리를 엿들을 수 있었으면 한다. 육성, 통곡과도 같은.

계절이 죽어간다
사람들은 이별 옷을 입고
벌레들은 이별 울음을 운다

계절이 계절 속으로 들어간다
매미들 곡소리 북받치고
건들마에 실려오는 귀뚜라미 소리 잦아진다

이제 지친 여름은 가을 하늘로 가
남겨진 새끼들 굽어살필 것이다
길가에 살살이꽃은 바람의 말씀 잘 따르는지
가지마다 치대놓은 것들은 제때 옷을 갈아입는지
천둥번개 몰래 숨겨둔 대추알은 붉게 여물어지는지,
그럴 것이다
가을을 못 보고 간 내 어머니도 그랬으므로

—「여름 이별」 부분

이 따옴시는 계절의 변환을 죽어 가는 것으로 본다. 이별 옷, 이별 울음이라 본다. 그런데 지친 여름은 남겨진 새끼들 살피고 가지에 치대놓은 것들 제때 옷을 갈아입는지, 대추알 잘 여물어 가는지 등에 대해 걱정하고 있다. 그것이 어머니 심정이라는 것이다. 앞에서 안 시인의 개인사가 이향하고 바닥을 치는 긴 터널이라 한 대로 그 바닥은 어머니의 존재에 상대되는 것이므로 아픔의 극점이다. 그 극점을 여름은 살피고 있고 상대자인 화자는 아픔에 젖어있다. 이를 언급하는 것 자체가 육성이리라. 읽는 독자에 따라서는 통절의 소리로 들릴 것이다. "가을을 못 보고 간 내 어머니도 그랬으므로"가 키워드이다. 안 시인의 육성은 어쩌면 그 근원에 어머니가 있지 않은가 싶다.

3

안성우 시인의 시는 이향과 그 이후의 과정이 기본항이라 할 수 있다. 그러므로 이향의 아픔이 근원이고 콤플렉스의 동인이다. 「생애」를 읽자.

영그는 초록 가릴라 나무가 옷을 벗어도
철따라 서둘러 가는 바람
나무의 알몸을 보지 못하고

험한 세파 막이나 될까 어미가 옷을 벗어도
철없이 웃자라는 아이
어미의 알몸을 보지 못하고

묵은 나무가 새옷을 입으면
제철 찾아온 바람
나무를 껴안고 춤을 추고

늙은 어미가 새옷을 입으면
뒤늦게 철이 든 아이
나무 관을 감싸안고 울부짖고

철이 가고 오고
철이 있고 없고
같은 듯
다른 그림자

—「생애」 전문

따옴시는 나무가 옷을 입고 벗는 것을 비유로 어머니의 애환을 말하고 있다. 나무가 옷을 벗는데 바람이 이 알몸을 보지 못하고, 어미가 옷을 벗는데 철없이 웃자라는 아이는 어미의 알몸을 보지 못하고, 늙은 어미가 새옷을 입으면 비로소 철이 든 아이 나무 관을 안고 울부짖는다는 것이다. 아이는 나무 어미의 옷 벗는 일을 모르고 지나지만 결국 새옷을 입을 때 겨우 철이 나서 나무관을 안고 울부짖는다는 이야기다. 어머니는 자식의 바람막이가 되어 일평생을 보내도 자식은 모르다가 죽은 뒤에 비로소 통곡에 든다는 아이러니를 연출한다는 것 아닌가. 안 시인은 이향 이후 어머니에 대한 책임감에 짓눌려 살았고 어머니가 돌아가심에 즈음하여 한없는 눈물을 흘린다. 이는 안 시인이 그 흔한 실존주의의 그늘에 아직 물들지 않은 상태이고 여전히 착한 아이로 살아남는다. 이 같은 정서는 그의 저서인 '5무인생의 평범한 성공'을 요약해 보면 알 수 있는 일이다. "행복을 바란다면 돈보다 꿈이 먼저다." "수준에 맞는 꿈을 키워야 성공할 수 있다." "성공은 환경의 차이가 아니라 절실함의 차이다." 같은 지향은 넘치는 이데올로기가 아니라 수분의 철학이라 할 것이다.

> 그가 신작로에 터를 잡은 후 동네가 좋아질 거란 소문이 돌았으나 쾌쾌한 석유 냄새가 사라졌을 뿐 어머니 한숨은 줄어들지 않았다
>
> 며칠새 잡동사니와 친구가 돼버린 그의 몸에서 지린내가 나기도 했으나 사라호 태풍이 세간살이를 휩쓸고 가는 와중에도 그는 굳건히 제자리를 지켰다
>
> 그와 그 사이에서 나의 손가락셈을 시험하는 참새 떼보다 수평선 너머가 궁금했던 나는 그의 꼭대기에 오르려 버둥댔으나 뜻을 이루지 못한 채 고향을 떠나오면서 그가 무정하다는 생각이 들었다
>
> 그의 도움 없이도 수평선을 건넜으나 내 앞에는 또 수평선이 놓여 있어 다시 또 수평선을 건너는 사이 해괴한 이유로 참새 떼가 떠난 후 그의 역할도 끝이나 몸뚱이마저 땅에 묻혔다는 소식이다
>
> 그의 운명처럼 내 몸뚱이도 역할이 끝나면 땅에 묻힐 걸 알지만 혹여 백수 행운이 아니더라도, 설마 벽에 똥칠할 때까지는 아니더라도, 그 많던 참새 떼 다시 돌아오는 날 있을까 싶어 역할을 늘려볼까 궁리하는 중이다
>
> —「전봇대 추억」 전문

따옴시는 산문시다. 제재는 '전봇대'이고 그와 유관한 '참새 떼'와 이와 떨어져 있는 '수평선'이 산문시의 키워드이다. 전봇대는 고향에 있는 시설이고 어머니는 그 시설에도 불구하고 한숨에 젖어 산다. 그 기준점을 떠나 수평선을 만나 이를 건너서 또 수평선을 만나는 과정으로 신고의 이향살이를 체험한다. 그러는 중에 고향 전봇대는 무너져 묻히고 참새 떼는 떠나고 이향한 화자는 아직 꿈을 이루지 못한 채 참새 떼가 돌아오기를 멀리서 기다린다는 요지이다. 결국 산문시는 어머니의 삶에 희망 한 가닥이 다시 무너지는 결과를 가져오지만 참새떼가 돌아올지는 미지수임을 말한다. 어머니와 고향의 풀리지 않는 현실이 안타깝고 화자는 이후 밖에서 떠돈다는 것이다. 어머니 콤플렉스를 드러내는 시편이다. 산문형으로 쓴 형식은 화자의 답답함을 드러내는 데 힘을 실어준다.

숲을 유랑하는 네발나비 따라 시선이 머문 등성이에
삼베옷도 걸치지 않은 어미가
발목이 뭉텅 잘린 채 사지를 벌리고 누워 있다
가까이 가 보니
거죽은 이끼의 텃밭으로
속살은 개미들의 일터로
내장은 구더기 먹이로
문드러져 가는 제 몸뚱이를 내어주고 있다

평생 나의 밥이었던 어머니도 그랬다

나의 어머니의 어머니의 어머니였던
나무.

—「잣나무 숲에서」 후반

이 시에서 '잣나무'가 어미이고 발목이 잘린 상태로 누워 사지를 내놓고 있다. 그 어미 몸인 잘린 잣나무는 이끼의 텃밭으로, 개미들의 일터로, 구더기의 먹이로 문드러지고 있다. 그 잘린 나무가 나의 밥인 어머니의 대대 어머니로서 희생되고 있다. 시인에게 어머니는 대대로 영구히 회복 불능의 위치에서 사지가 찢기고 먹히고 살점 내어 놓는 존재로 있는 것이다. 시인에게 어머니의 부활은 암담하다. 그럴수록 안 시인은 절망의 늪에서 허우적거리는 존재가 되는 것이다. 그렇지만 그는 끝까지 안쓰럽게 어머니를 부르고 산다. 어머니를 생각하는 과정을 권태라거나 여분이라거나 귀찮은 어른이거나 하지 않는다. 시인은 확실한 이성의 소유자이고 평범에서 출발하여 평범으로 성공하는 '5무 인생'이다. 그러나 그럼으로써 그는 다섯가지 없음을 일괄하여 지우개로 지우고 있다. 그의 지우개는 이성적 지우개이다.

4

안성우 시인은 생활이 갈등이고 사색이고 이행이다. 삶이 감성쪽보다 이성의 언덕에 기대는 것, 그런 지향의 시는 감성도 아우르는 시심의 꽃밭이다.

봄이 죽어야 봄이 온다

꽃이 죽고 잎이 죽고 열매가 죽고
꿈마저 죽고서야 오는 봄,

끝과 끝이 별뿐인
끝과 끝이 모래뿐인 한가운데서
앞서간 발길따라 또는 새로이 길을 만들며
하나의 별을 찾으려다 봄은 죽어 간다

죽어 가는 봄 앞을 활보하며 지나가는
한 무더기 싱그러운 봄
상상만으로도 가슴 뛰던 희망의 봄은 언제인가

헤이며 온 별만큼이나 밟고 온 부침들이
나의 봄을 죽이고
밟고 온 모래알만큼이나 헤이며 온 회한들은
나의 꿈을 죽이네

멀지 않았다 나의 봄도 온전히 죽음으로써
풋풋한 봄으로 다시
별들과 모래뿐인 한가운데로 가
부끄럽지 않은 죽음의 길을 걸어가야 겠다

—「다짐하는」 전문

안성우 시인은 봄을 제대로 봄대로 살지 못했다는 것처럼 읽힌

다. 봄은 봄을 만끽할 수 있는 사람에게 봄이지 봄을 두고 봄의 뜨락을 거닐 수 없는 사람에게는 잔인한 계절이다. T.S. 엘리엇이 "사월은 잔인한 달" 이라 한 것처럼 안성우 시인도 잔인한 달이라 복창하고 싶었을 것이다. 그러나 엘리옷은 시인으로서 감성 중심의 '잔인한 달' 이라 했지만 안성우 시인은 이성으로 그 표현에 손을 들어줄 수 없었으리라. 그리하여 안 시인은 사색을 철저히 죽은 다음에 오는 세상으로 뻗쳐 가게 된 것이 어닌가 한다. 기독교의 부활사상이 그에게 원군이 되었을 것이다. 그래 안심하고 그는 "봄이 죽어야 봄이 온다" 로 말머리를 잡았다. 안 시인은 이리하여 별을 찾으려다 봄이 죽고 밟고 온 회한과 그 부침들이 봄을 죽인다고 표명한다. 안 시인이 만일 윤동주의 십자가나 한용운의 님의 침묵이 없었다면 시 마무리로 "부끄럽지 않은 죽음의 길을 걸어가야 겠다" 고 말할 수 있겠는가. 사색은 진리의 뿌리를 붙들고 이어진다는 것임을 알 수 있다.

ㄱ자를 베웠으나 낫의 역할을 잘 모르는 나는
문맹을 깨우치려 교회에 나가 예수를 떠올리면
남들따라 꿀꺽했던 잔가시들이 심보를 건드리니
성경 글귀를 읽을 수가 없고
절간에 나가 붓다를 떠올리면
감춰둔 수의 주머니가 들통 날까 겁을 먹으니
불경 봉독을 할 수가 없다
하는 수 없이 기도라도 할라치면
나를 위해 기도하는 일이 먼저인 것과

남을 위해 기도하는 일이 먼저인 것 사이에서 갈등하는 나는
나를 먼저 생각하면 염치가 보이고
남을 먼저 생각하면 손해 보는 것 같아
그만 문맹이 되고 만다
생각만 하다 뱉지 못하고 가슴에 쌓아둔 묵은 글과 썩은 말들
토해내면 살 것 같아 아버지 묘소로 달려가지만
혼자 중얼거리는 것조차 남사스러워
엎드려 묵시만 읽다 온다

—「묵시(默詩)」 전문

이 시는 자기 갈등의 시다. 성경을 접하다가 자기 부실을 생각하여 접고는 다시 절간에 가지만 '감춰둔 수의 주머니' 때문에 불경을 못 읽겠다는 갈등의 세계를 보인다. 갈등은 자기 책임과 자기 경박에 있고, 이타적인 것과 이기적인 것과의 사이에서 발생하고 있다. 그래서 돌아간 아버지의 묘소로 가서 묵시를 읊는다는 것이다. 갈등을 해소시키는 '묵시'는 무엇일까. 돌아가신 분은 현실이해의 원칙에서 벗어나 있는 분이다. 그분의 자리는 중립지대의 윤리성이 아닐까 싶다. 안성우 시인의 사색은 현실원칙에서 해결하기 힘느는 과세 앞에 놓인 자아의 고뇌라 할 것이다. 시에서 고뇌는 관념의 영역이다. 사색의 세계는 어쩔수 없이 관념의 관문을 통과해야 하는 것임을 보여 준다.

시「계영배」가 눈 안에 들어온다.

가지 마라 가지 마라 거기까진 가지 마라

피지 마라 피지 마라 거기까진 피지 마라
푸르지 마라 푸르지 마라 거기까진 푸르지 마라
오르지 마라 오르지 마라 거기까진 오르지 마라

가고 싶은 선
넘고 싶은 선
거기엔 찰나도 없다잖아

만발하던 것들, 시들기 시작하잖아
짙푸르던 것들, 마르기 시작하잖아
끝 모르던 것들, 추락이 시작되잖아

—「계영배」 앞부분

'계영배'란 중국에서 과욕을 경계하려고 만들었다는 술잔이다. 각주에 보면 술잔을 넘치게 채워도 7부 이상은 술이 소멸돼 버린다는 것. 아무리 좋은 것도 한계가 있으므로 선 이하로 절제하고 살아라는 경계의 시다. 사색은 깊이 하되 실천 이행은 단호해야 함을 주장한다. 시는 힘차게 몰아가는 이행의 이미지를 보여 주고 있다. 김수영의 「폭포」가 갖는 급전직하의 몰아부침이다. 첫줄부터 "가지 마라 가지 마라 거기까진 가지 마라" 걸림돌 없이 몰아가는 흐름이 예사롭지 않다. "만발하던 것들 시들기 시작하잖아/ 짙푸르던 것들 마르기 시작하잖아"로 이어지는 빠른 템포가 이행의 긴급함을 일깨워 준다. 선을 지키는 일도 소신의 넘치는 에너지를 필요로 한다. 시는 그 에너지를 갈급히 사용하는 것이 긴요

함을 시인은 스스로에게 확인하듯 끌어가고 있다.

안 시인의 사색은 죽음 의식이고 선별이고 과욕에 관한 것인데 이 사색은 삶이 이끌어내는 보편적인 작용이라고 보면 좋을 것이다. 안 시인은 일상에서 쓰는 말도 거래를 하는 것이라고 지적한다. "나의 말 거래는 너댓살 때부터 시작되었다." 하고 순한 말과 거친 말의 상호 거래라는 판단이다. 사색은 상호 거래 관계까지 나아감을 볼 수 있다.

안 시인은 또 어떤 규모나 제도에 대한 사색이 깊어져 있다. 「네모에 갇히다」는 사람들이 사각의 정글에 갇혀서 산다는 사색을 보이고 있는데 이는 김해경 시인의 「거울」에 갇혀 있는 자화상을 보는 느낌을 준다고 할 수 있다. 자의식의 거울이라 할까, 존재의 늪이라 할까 하는 정도의 깊이를 드러낸다.

5

안성우 시인의 시는 사색이 잉크 빛깔처럼 짙다. 역사와 현실을 비출 때도 그러하고 시대나 사회를 풍자할 때도 그러하고 병력이 몸을 덮치는 때도 그러하다. 이것이 안 시인의 힘이라 말할 수 있다.

①다 죽었다
산에 들에
길섶에
봄 아닌 모든 것들
다 죽은 뒤에야
움이 트고

꽃이 피었다.

다 죽자
너에
나에
가슴에
동토 이후의 모든 것들
다 죽어서
봄을 오게 하자

②가면이 지나간다
춤추며 지나간다 꽃 가면이다
노래하며 지나간다 봄 가면이다
쇼하며 지나간다 농 가면이다
시 쓰며 지나간다 홍 가면이다
아무리 둘러봐도 괴물 가면이 보이지 않는다
아무리 살펴봐도 영웅을 추앙하는 가면 뿐이다

③내가 너를 알기 전에 너는 이미 나의 정원에 있었다
필름이 끊기고 조명이 켜질 때쯤
나의 과거가 너에게 단 한 번의 시선도 주지 않았음을 말하려 했을 때
나는 숨이 멎는 두려움보다 후회라는 말이 더 무서웠다

①은 「2018 판문점의 봄」이라는 현실 역사에 관한 시 부분인데 비핵화 과정의 한반도가 장엄하리만큼 엄정한 봄을 맞이하고 있다는 작품이다. 그럼에도 화자는 냉엄한 사색으로 그 봄의 현실적 상황을 바라보면서 봄 아닌 것들 다 죽어야 봄이 온다고 말한다. 일테면 동토 이후의 모든 것들 다 죽어야만이 봄이 온다고 강조한다. 역사는 흘러가는 것 같지만 새로운 장으로 들기 위해서는 죽음이라는 소정의 통과의례가 필요하다는 것이다. 서정으로나 감각으로 오는 것은 그 이면의 필연이라는 장치를 건너서야 하는 것인데 이는 화자의 깊은 사색의 안경으로 들여다볼 수 있을 것이다.

②는 「가면의 시대」 앞부분이다. 시대적 과제인 이성간의 문제를 가면의 탈이라는 틀을 가지고 들여다 본다. 담대한 시인데 탈을 쓰고 사는 것이 보편적이라는 점을 지적하고 있다. 리듬을 타고 있으면서도 놓치지 않는 것이 사색적 앵글이다. ③은 화자의 병력을 말하는 심각한 시인데도 이성적이고 담담한 보고서 형식이다. 시인은 이렇게 자기 상처나 병력을 타인의 이야기인 양 끌고가는 냉엄함을 보인다. 안성우 시인의 시적 터치가 이성적이고 사색적 깊이를 동반하는 것임을 알게 하는 대목이다.

지금까지 살펴온 대로 안성우 시인은 고향을 떠나와 살았던 이향 체험이 동인이 되어 어머니 콤플렉스에 젖는 등 육성의 소리를 시적 화자의 발성으로 낸다. 그러면서 이향의 아픔으로 갈등하면서도 이를 견디고 이겨내는, 이성적 결기를 보여 주는 특이한 역정의 주인공이다. 첫시집의 시세계는 그런 뜻에서 대형 시인이 보여주는 육성의 소리와 이미지를 갖추고 있음이 독자들을 긴장케

하는 부분이다. 안 시인은 이미 '五無人生의 평범한 성공'이라는 제하의 성공비결을 저서로 선보여 시인의 결기가 예사롭지 않음을 알게 한다. 시인은 놀랍게도 성공 메시지를 먼저 저술하고 이어 그 바탕에다 시를 건축해 올리는 과정을 보임으로써 산문으로 먼저 다진 테마를 시적 형식으로 변환시키는 희귀한 과정을 독자들에게 선사하고 있다.

안성우 시인은 시적 이미지나 시적 방식의 신선도가 높다. 앞으로 이를 연조로 녹여내면서 경륜의 빛깔을 채색해 나가는, 능력 있고 좋은 시인이 되기를 바라마지 않는다.

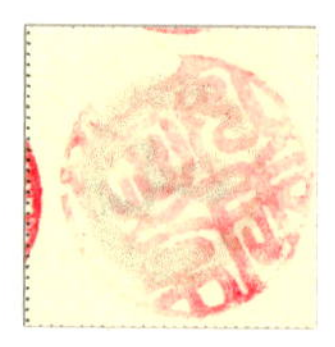

안성우 시집_ 가면의 시대

초판 인쇄 | 2018년 12월 20일
초판 발행 | 2018년 12월 25일

지 은 이 | 안성우
발 행 인 | 문효치
편집국장 | 김밝은

펴낸곳 | 사단법인 한국문인협회 月刊文學 출판부
주소 | 서울시 양천구 목동서로 225 대한민국예술인센터 1017호
전화 | 02-744-8046~7
팩스 | 02-743-5174
이메일 | klwa95@hanmail.net
등록 | 2011년 3월 11일 제2011-000081호
ISBN 978-89-6138-395-0 03810

값 10,000원